灵渠，
从大秦
奔向世界

吴海峰 著

接力出版社 Publishing House
全国百佳图书出版单位 Top 100 Publishing Houses in China
漓江出版社

图书在版编目（CIP）数据

灵渠，从大秦奔向世界 / 吴海峰著 . -- 南宁：接力出版社；桂林：漓江出版社，2024.5

ISBN 978-7-5448-8408-2

Ⅰ . ①灵… Ⅱ . ①吴… Ⅲ . ①灵渠—通俗读物 Ⅳ . ① K928.6-49

中国国家版本馆 CIP 数据核字（2024）第 002136 号

LINGQU CONG DAQIN BENXIANG SHIJIE

灵渠，从大秦奔向世界

著者：吴海峰
摄影：盛久永　蒋得斌　蒋俊　连旭　唐茂云　滕彬
责任编辑：王明雷　俞舒悦　霍丽
装帧设计：石绍康
责任校对：陈朝辉
责任印制：刘签　姚以轩
社长：黄俭　刘迪才
出版发行：接力出版社有限公司　漓江出版社有限公司
社址：广西南宁市园湖南路 9 号（530022）
　　　广西桂林市南环路 22 号（541002）
发行电话：010-65699511　0773-2583322
传真：010-85891290　0773-2582200
印刷：广西昭泰子隆彩印有限责任公司
开本：720 毫米 ×1020 毫米　1/16
印张：19.75
字数：316 千字
版次：2024 年 5 月第 1 版
印次：2024 年 5 月第 1 次印刷
定价：168.00 元
审图号：GS（2022）5602 号

北有长城
南有灵渠

都庞岭下

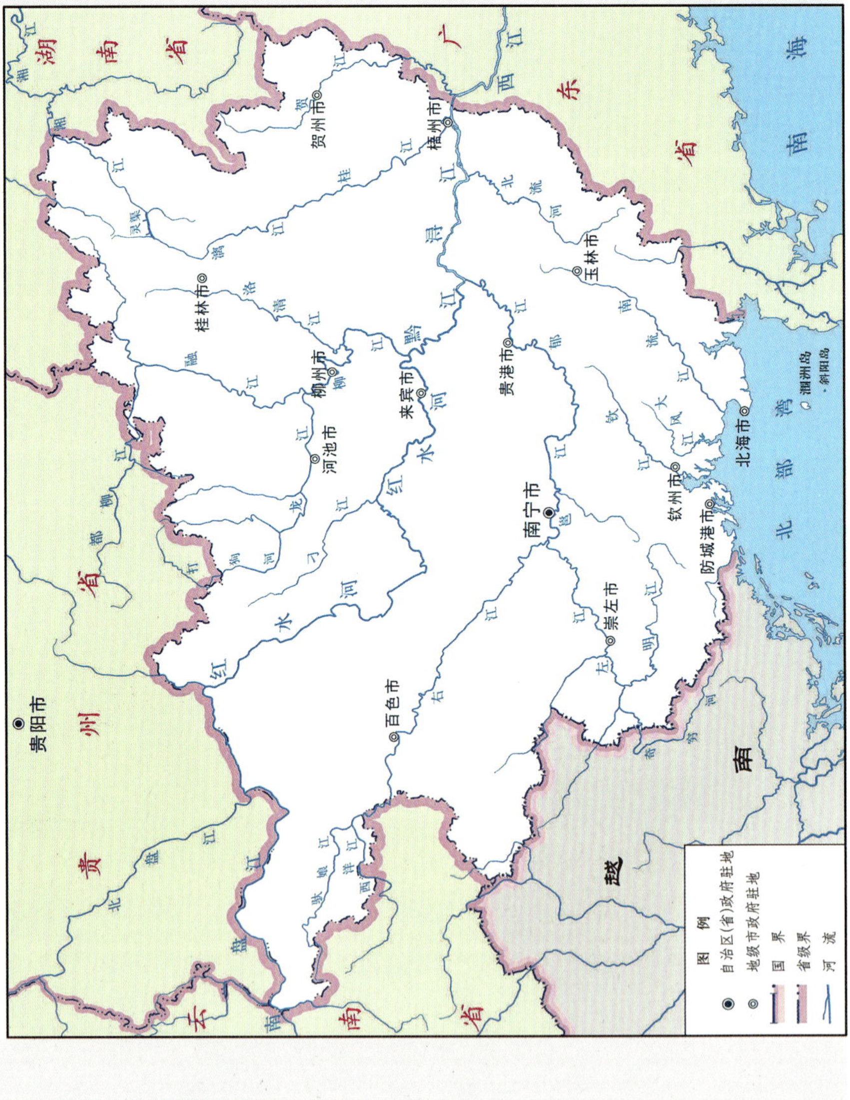

广西主要河流分布示意图

序

灵渠是秦始皇时期开凿的人工运河，是古代劳动人民聪明智慧的结晶。《灵渠，从大秦奔向世界》忠实地记录了灵渠开凿、维修、养护及其在交通运输、农田灌溉、旅游开发等方面的历史，图文并茂，大气磅礴，引人入胜。

这是一部史诗，从秦代肇始，引湘水一支导入漓江；汉代加修，促进南北文化交流、民族融合，奔向海上丝绸之路；唐代李渤修灵渠，“铧其堤”“陡其门”，灵渠得以正式定名，运输功能更加完备；宋代灵渠兼有灌溉之利；明清两代，灵渠“巨舫鳞次”“连樯衔尾”，空前繁忙。灵渠一路走来，高潮迭起，高歌猛进，彰显出技术、功能与美学的完美结合。灵渠故事，娓娓道来；灵渠的前世今生，历历在目。

《灵渠，从大秦奔向世界》记录了秦城、汉城，汉晋墓葬、宋代窑群，灵渠哺育的沿岸田园；展现了严关雄姿、乳洞题咏，两岸的民俗——龙舟竞渡，陡村、陡军和世家大族的人文景观；叙说了灵渠翻山越岭、弯道代闸，灵渠之舟何以能爬山，又何以呈现“船在青山顶上行”的奇观，将灵渠之谜一一破解，韵味无穷。

此书文献丰富，引经据典，严谨有序，采用了大量珍贵文物的图片，铭刻了灵渠深厚的历史文化底蕴，堪比学术专著。许多首次公开发表的有关灵渠的老照片，真实再现了不同时期灵渠多彩多姿的风貌。山水人居，和谐相处；令人怀旧，记住乡愁；新旧对比，催人奋进。

这是一部高颜值、有品位，值得细读品赏和永久珍藏的好书！

蒋廷瑜

2023 年 11 月 8 日

目录

唐

宋元

明清

引子

五岭逶迤，分割岭南与中原。巍巍都庞岭，东倚萌渚，西临越城，跨湘桂，指南粤，更得楚越之灵气，孕育出一条滔滔海洋河（旧称海阳河）。

海洋河奔腾而下，在广西兴安县城东，被一座巨大的犁铧形的大坝迎头劈开，一座470多米长的“人”字形拦河坝，将汹涌的河水一分为二，驯服地沿着一南一北两条羊肠似的渠道，分头而去。

河水沿着向北的渠道流过了3.25千米，再次与湘江故道汇合，北上入湘，流向洞庭湖。沿着向南的渠道的河水则流经繁华的兴安县城，继而穿越湘江与漓江的分水岭太史庙山，途中与漓江支流始安水、清水河汇合，经历曲折宛转的33.15千米，汇入漓江。

这，就是广西著名的世界灌溉工程遗产、修建时间距今两千多年的秦代水利工程——灵渠。

灵渠，又名离水、零渠、秦凿渠、陡河、兴安运河、湘桂运河，于公元前214年凿成通航。它是世界上最古老的运河之一，也是秦代三

湘江上源海洋河

猫儿山八角田漓江源

灵渠“人”字坝

铧嘴

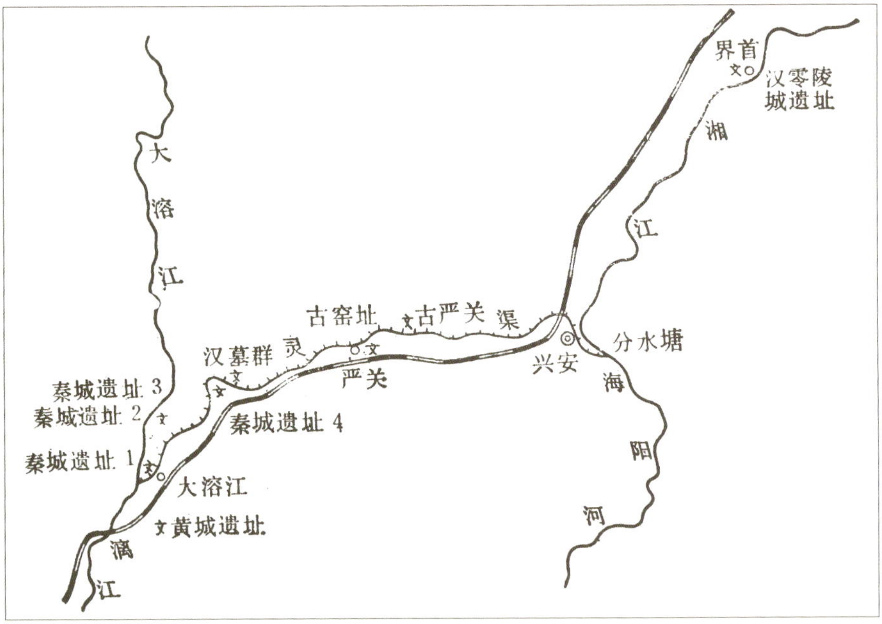

灵渠沿岸古文化遗址

大水利工程之一，有着“世界古代水利建筑明珠”的美誉。灵渠本为一条出于军事需要而开凿的运河，却因恰当的选址和科学的设计，从秦至今，作为中国南部重要的水运航道连续运行了两千多年；它沟通了漓江和湘江，连接了长江水系与珠江水系，搭建了中原文化与岭南文化交流的桥梁，也灌溉着一方水土和哺育着沿岸的百姓；更令人瞩目的是，灵渠在 2018 年成功入选世界灌溉工程遗产名录，为广西首例。

“北有长城，南有灵渠”，灵渠与长城，一南一北遥相呼应，一长一短各具风采，作为中国第一个大一统王朝——秦朝留下的宝贵历史遗产，一同被载入史册被后人铭记。灵渠有灵，正如其名字一样，以纤细的身躯，绘出历史画卷上的灵动一笔，其中蕴藏的奥秘更是引人深思。至今仍在奔流不息的灵渠，不仅是一座活的世界遗产，更是一本生动而厚重的史书。要破解灵渠的秘密，认识灵渠的意义，需要我们沿着历史的脉络，耐心地寻访和钩沉那些已逝的往事，挖掘纸上与地下的历史，回溯至历史的现场，来一一重现灵渠两千年流淌不息的历史。

秦 > > > > > >

“秦王扫六合，虎视何雄哉！挥剑决浮云，诸侯尽西来”。（李白《古风》）战国末年，因变法而强大的秦国，在雄才大略的秦王嬴政即位后，自公元前230年至公元前221年，先后灭韩、赵、魏、楚、燕、齐六国，建立起一个前所未有的大一统帝国——秦朝，嬴政自称“始皇帝”。秦朝在中央实行三公九卿制度，地方上废除分封制，代以郡县制。同时实行书同文、车同轨，统一度量衡。又以帝都咸阳为中心，修筑通往全国各地郡县的驰道和通往北部边疆的直道，建立起庞大的交通网络……帝国的政令接连不断，中国历史上一个崭新的时代来临了。

对于已经灭掉六国，“振长策而御宇内”“履至尊而制六合”（贾谊《过秦论》）的秦始皇，他眼中的“天下”空前宏大，秦帝国版图的规模最终也远远超越了秦本土与六国故地。当北到燕冀、南到长江流域以南的广袤土地都归入秦朝版图之后，秦始皇还要“北逐匈奴，南征百越”——在派兵北击匈奴的同时，目光越过五岭，投向了地广人稀的岭南，派大军南征百越。

1984 年的灵渠小天平

海洋河高尚镇江村段

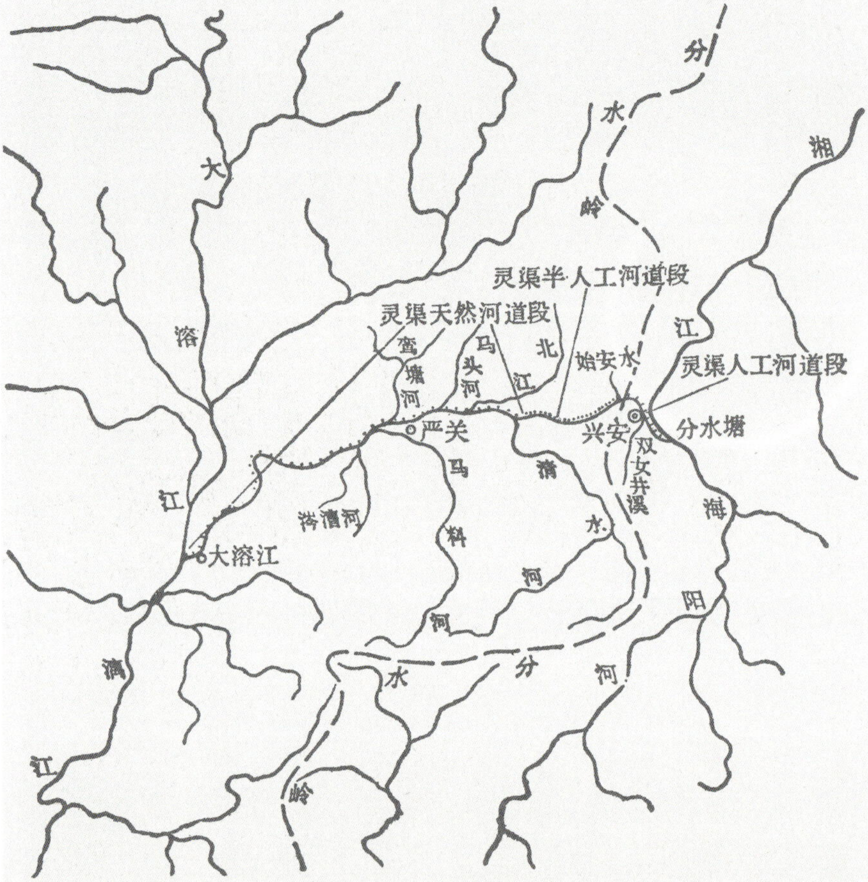

灵渠水源示意图(来源：郑连第《灵渠工程史述略》)

所谓岭南，是指五岭之南，通常认为五岭由越城岭、都庞岭、萌渚岭、骑田岭、大庾岭五座山脉组成，在湖南、江西南部和广西、广东北部交界处。岭南古为百越之地，是越人生息居住的地方。百越是中国历史上中原王朝对南方越族的泛称，因其支系繁多，故称百越。《汉书·地理志》注引臣瓒曰："自交趾至会稽七八千里，百越杂处，各有种姓。"先秦古籍对长江中下游及以南地区的与越人有关的各个不同而互不相属的族群，常统称为"越"。历史文献中也称之为百粤、诸越等。所谓百越，包括"勾吴""闽越""扬越""西瓯""骆越"等。秦征百越之战时，广西的越人部族主要是西瓯和骆越。

不可否认的是，在很长一个历史阶段里，岭南地区的发展程度与中原地区相比存在着很大差距。以人类社会进入文明时代的重要标志之一——青铜文化的出现而论，广西出现青铜器的时间相对较晚。目前广西发现最早的青铜器是商代晚期的，著名的有南宁市武鸣区和桂林市兴安县出土的铜卣。从广西出土的西周以至春秋战国时期的青铜器来看，广

灵渠与周边地形地势示意图
（《中国国家地理》供图）

西此时已具备了生产和使用青铜器的条件。这些青铜器不仅具备岭南百越的地方风格，还吸收兼容了北方中原及临近的南方滇、楚文化的元素。

值得一提的是，地处桂北湘桂走廊要冲的兴安也出土了一件精美的铜卣，为商代晚期文物。湘桂走廊位于桂东北地区的天然屏障越城岭和海洋山之间，两山之间谷地低平，联结湘江漓江上游谷地，自古以来就是南北交通要道，又称“兴安隘”。在著名考古学家蒋廷瑜先生看来，这件文物的发现，“无异于在广西腹地与中原大地之间亮出了一个中转站，把商文化向南传播的线路展现得更加清晰了”。（蒋廷瑜《历史的足迹：广西历史时期考古手记》，广西人民出版社 2006 年版，第 7 页）再加上邻近区域，位于五岭山脉都庞岭南侧、湘桂走廊东侧的平乐银山岭战国墓出土的大量青铜兵器，特别是刻有秦代原楚地地名的“江鱼”“孱陵”铜戈、铜矛，说明邻近的楚文化的影响在灵渠开凿之前，已经通过跨越五岭的重要通道——湘桂走廊这一最便捷的地理途径，逐渐渗入了

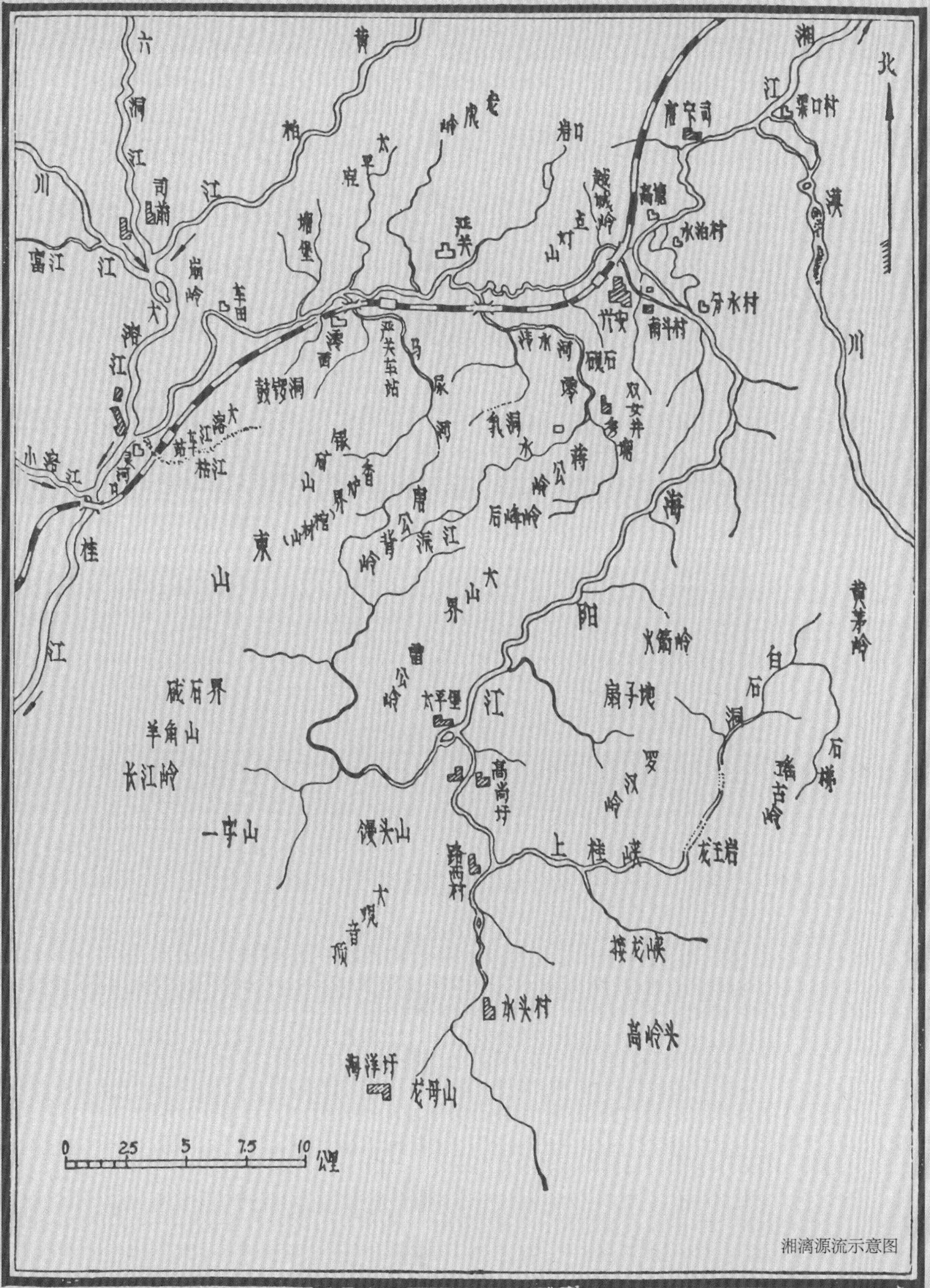
北
湘江
六洞江
黄柏江
富江
大溶江
小溶江
桂江
司前
崩岭
车田
塘堡
鼓锣洞
严关
严关车站
马尿河
兴安
南斗村
分水村
水泊村
渠口村
越城岭
双女井
银矿山
香炉界（山林场）
乳洞水
蒋公岭
后峰岭
唐公背岭
流江
东山
大界山
海阳江
曹公岭
太平堡
扇子地
罗汉岭
白石洞
石梯
黄茅岭
上桂峡
龙王岩
接龙峡
高尚圩
路西村
水头村
高岭头
海洋圩
龙母山
破石界
羊角山
长江岭
一字山
馒头山
0 2.5 5 7.5 10 公里
湘漓源流示意图

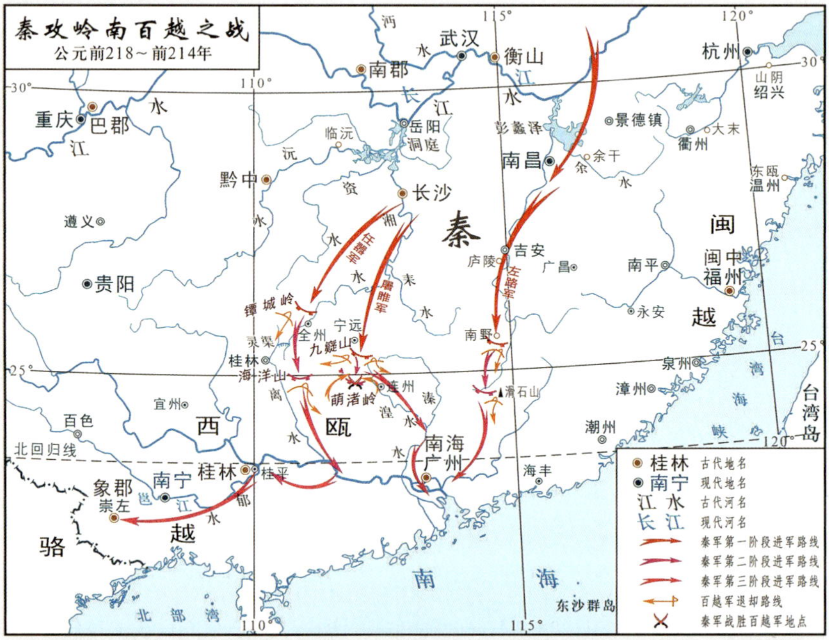

秦攻岭南百越之战示意图

桂林恭城出土的春秋兽面纹铜编钟，为反映中原礼乐文明的代表性文物

广西壮族自治区博物馆藏

这片土地。在春秋战国时期，随着强大起来的楚国向南发展，桂东北的湘桂走廊一带已最先受到楚国势力和楚文化的影响，成为楚越交会之地。据元代《文献通考·舆地考》称，“静江府（今桂林）战国时，楚国及

平乐银山岭出土秦“孱陵”铭铜矛

广西壮族自治区博物馆藏

平乐银山岭出土“江鱼”铭铜戈

广西壮族自治区博物馆藏

越之交”。蒋廷瑜先生对此也做出谨慎的推断：“楚国南界实际已越过南岭山脉，很可能沿湘江而上进入漓水流域，即桂江上游。”（蒋廷瑜《从平乐银山岭战国墓看西瓯》，《考古》1980年第2期）

统一岭南前，依靠先进的政治制度和技术手段，新兴的秦帝国的影响力和控制力迅速覆盖到全国各处，其势力已经直逼岭南前沿。公元前220年，秦始皇下令修筑以咸阳为中心，通往全国各地的驰道，已深入楚地与湘水流域。“为驰道于天下，东穷燕齐，南极吴楚，江湖之上，滨海之观毕至。”（《汉书·贾山传》）又据宋人《方舆胜览》载：“秦驰道，在零陵东八十里。阔五丈余，类今之河道。两岸如削，夷险一致。

兴安出土的商代铜卣
兴安博物馆藏

广西武鸣出土的商代兽面纹提梁铜卣
广西壮族自治区博物馆藏

始皇命天下修道以备游幸，即此也。”其所记载的驰道遗迹即位于今日毗邻桂东北的湖南永州。

因此，在已经翦灭六国的秦始皇看来，征服岭南可谓志在必得。只有南面收服百越，北方驱逐匈奴，他才能开辟前所未有的大一统局面，真正实现“王天下”，使海内皆臣、天下归一。

这场秦征百越之战，以及因为这场战争而开凿

兴安出土的商代铜卣，内有铭文

兴安博物馆藏

的灵渠，在数十年后西汉淮南王刘安及其门客编撰的《淮南子·人间训》中有所记载：“（秦皇）又利越之犀角、象齿、翡翠、珠玑，乃使尉屠睢发卒五十万为五军，一军塞镡城之岭，一军守九嶷之塞，一军处番禺之都，一军守南野之界，一军结余干之水，三年不解甲弛弩，使监禄无以转饷，又以卒凿渠而通粮道，以与越人战，杀西瓯君译吁宋……”

秦始皇二十六年（公元前 221 年），扫平六国不久的秦朝大军，即在郡尉屠睢（据湖南龙山出土的里耶秦简记载，实际是“徒唯”，原为古书传写错误）的带领下，兵分五路，挥师南下，进攻百越。

从《淮南子》的记载来看，“发卒五十万”“三年不解甲弛弩”等内容，虽然历来学者对于其真实性聚讼不已，但至少能说明这场战争是一场艰苦的持久战。可以想象，在秦朝大军强大的攻势之下，岭南地区的西瓯、骆越部落都团结起来一致抗秦。令人意外的是，历来所向披靡的秦朝大军，征战三年仍不能完全收服岭南，连屠睢后来都死于越人的伏击。究其原因，岭南山高林密，气候炎热，道路险恶，更兼熟悉地形

漓江发源地——越城岭主峰猫儿山

的越人善于游击战，以致战争旷日持久，秦军军队疲敝，兵马粮草转运不畅，无法持续供给战争的需要。

于是，朝廷令监御史禄率领士兵开凿一条人工运河，以保证大军军粮供应无虞。这就意味着要在位于湘桂走廊的湘江和漓江之间开工凿渠，打通南北两大水系。这样，秦帝国的船队就可以就近从毗邻岭南、原属楚地而物产丰富的湖北、湖南，进入长江的支流湘江，再通过这条运河到达珠江的支流漓江，将粮草兵源持续输送到战争前线。

这是一个大胆的设想，但结合当时的条件，却并非只是一个荒诞不经的空想。先秦时代的古人，已经积累了相当的开凿运河、改造自然的经验。在追求统一的时代趋势和争霸战争的内驱力推动下，强大的诸侯国开始修凿运河、兴修水利。春秋晚期，吴国开凿了沟通江淮的人工运河"邗沟"，后又开凿沟通黄淮水系的菏水运河；到了战国时代，著名的连接黄河和淮河的运河——"鸿沟"也已由"战国七雄"中最先崛起

的魏国修成。邗沟、菏水和鸿沟等运河的开凿，使江、淮、河、济四渎得以贯通，并在此基础上形成了最初的区域性运河体系。战国末期，诸侯列强在修建大型水利工程方面已积累了丰富的经验。

尤其是在开凿灵渠四十多年前，秦昭襄王及秦始皇在位时期，秦人先后在蜀地和关中修筑了都江堰、郑国渠这两座大型水利工程，这对秦国实现富国强兵功不可没。这两座水利工程也成为中国水利史上的成功典范，在秦灭掉六国，建立大一统的秦朝后，为全国性运河体系的形成创造了必要的条件。

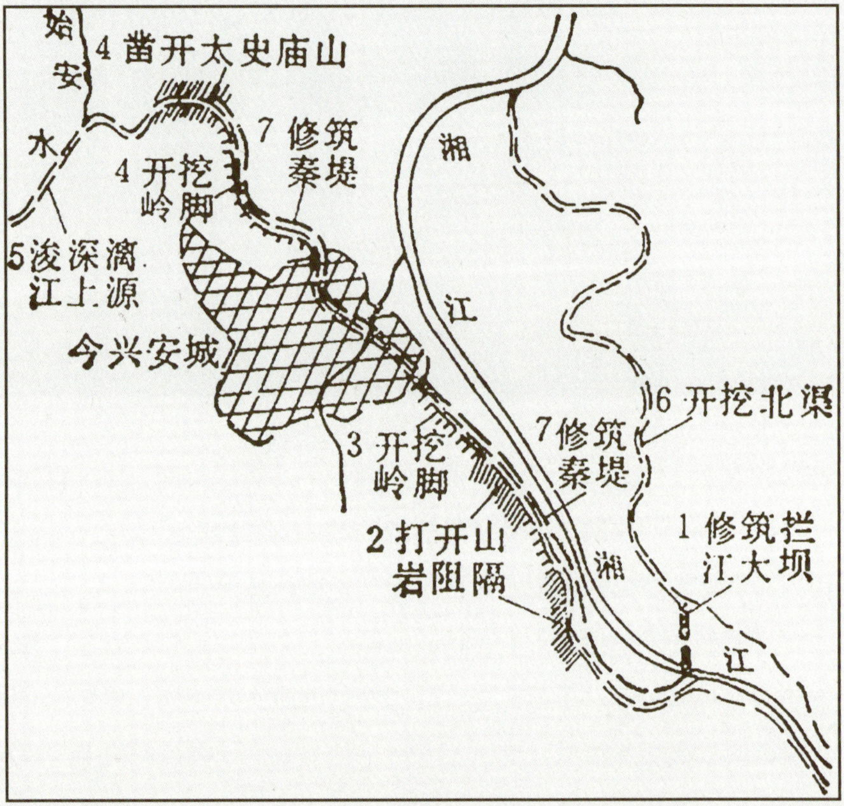

史禄凿渠示意图（来源：郑连第《灵渠工程史述略》）

关于“禄”其人，史书上记载非常简略，监御史是其官职，姓氏已不可考，后人遂按其官职名，习惯称之为史禄。明代岭南人士欧大任在《百越先贤志》上称史禄“其先越人，赘婿咸阳”，称他本出身越人，入赘至秦。不管如何，在秦地做了官的史禄都应是一名能吏，否则，知人善任的秦始皇断不会轻易委以重任。

接受了开凿运河使命的史禄，经过仔细勘测，发现地处湘桂走廊的长江和珠江两大水系的重要支流——湘江与漓江一北一南相向而流却擦肩而过，相距仅二十多千米。当地流行的一句民谚“兴安高万丈，水往两头流”，就形象地概括了这里特殊的地形特征和水系特点，这也成了灵渠选址在此的主要原因。

史禄在探清了湘漓二水的河道情况之后，大胆地提出了在两水相距最近处挖掘一条人工运河，使之相连，从而沟通二水河道的想法。漓江有一条叫始安水的二级支流，它在流经越城峤太史庙山的地方，距湘江的直线距离约一千米，向南流过五千米即与漓江的一级支流清水河相汇，

“湘漓二水之源”石刻。位于越城岭与都庞岭之间的海洋山龙母岩，在历史上被长期误认为是湘漓二水之源 （左图）

“飞来石”三字为康熙时兴安知县曹林韵题刻 （右图）

飞来石

始安水到清水河入口之间沙泥陡一带渠道

都庞岭下的灵渠分水塘

北渠：湘漓镇花桥村何家里“S”形回龙堤

一路向南，水势淼淼直入漓江。但是，越城峤如同一个台阶，始安水从越城峤上由北向南流，湘水却从越城峤下由南向北流，湘水低而始安水高，这个台阶的落差在 6 米左右。这里说的越城峤，又名临源岭、始安岭，并非五岭山脉中的越城岭，而是一条位于兴安县城北 1000 米处的宽 300 余米、高 20 余米的土岭。

要让湘水流入漓水，首先必须在湘水的上游找到一个落差的最佳平衡点。史禄经过多次的摸索与测试，终于确定了这个最佳平衡点，就在

1978 年穿过县城的灵渠，远处为马嘶桥

穿过县城的灵渠

始安水与湘水最近距离的越城峤太史庙山的湘水上游 4000 米处，一处水面较宽、地势高于始安水、由湘江上游支流海洋河形成的一片静水区，名为渼潭（今名分水塘）。这里江面开阔，水流平缓，非常适合拦河筑坝，并可容纳多艘船只来往交会。

史禄就是在这里建一条拦河大坝，然后再在湘水南边挖一条水渠，连接始安水，让分流出的湘水利用地势落差自然流进始安水，再将始安水拓宽疏浚，即可达到通船的要求。

穿过兴安县城的灵渠

穿过太史庙山的南渠（大湾陡至三里陡）

开挖这条运河的工程，在生产力有限的两千多年前无疑是一个艰巨的任务。因为在先秦时代，岭南人口还非常少，从本地征发民工极为不易。据梁方仲《中国历代户口、田地、田赋统计》中的记载推算，到了西汉晚期的元始二年（公元 2 年），已距秦末两百余年之遥，大致相当于今天两广大部分地区的郁林郡、南海郡、苍梧郡、合浦郡四郡以及零陵郡南部地区，统计在册的人口仅有 50 万左右（实际人口或不止此数）。因此开凿灵渠的任务主要还是靠士兵来承担。

开凿这条人工运河大约花了四年。具体来说，开挖南渠要沿分水岭、城台岭及越城峤的山脚开渠，一边是山体，另一边垒土成堤。最艰巨的工程有两处，一处是在离渠道口约一千米的地方，出现了石灰岩的山体，而这里距湘江河道仅有不到十米宽的距离。一边是石灰岩的山体，一边是落差达六七米的河道，渠道在这里遇上的困难是可想而知的。

先民们用原始的工具凿开了这一段渠道，并在渠边留下了一块数十吨重的天然岩石，叫做“飞来石”。奇怪的是，原来一直向北的渠道在这里突然拐向东北方向，直至在离湘江故道 7.4 米的地方才扭头向北，

俯瞰灵渠与清水河汇合处，可见星陡与星桥

与落差5米多的湘江故道并行约百米。这一段一百多米长的渠道，叫“社公堤”，也是从南陡至大湾陡、全长3.1千米的“秦堤”中最高的一部分。这里是灵渠最险要的地方，历史上多次溃堤，也多次被修复。也正因如此，在这里产生了飞来石和“三将军修灵渠”的美丽传说。

关于飞来石的传说，相传因为社公堤屡修屡坍，最后才发现是有一条猪婆龙在作怪，这条作孽的猪婆龙惹恼了天上的神仙，于是神仙从四川峨眉山调来了一块巨石，将猪婆龙镇压下去，灵渠才能修成。

三将军的传说则体现了中华民族的忠义文化。传说秦始皇下令修灵渠时，第一位将军因修渠失败被杀，第二位将军也因渠道坍塌而被治罪，第三位将军总结了前两任失败的教训，在他们的基础上将渠修成功了，秦始皇要给予他奖赏，他则认为修渠成功不是他个人的功劳，选择自刎以全忠义。

另一处艰巨的工程，即是在开挖湘漓二水分水岭越城峤太史庙山这一段，必须要开山劈岭，才能将湘水引入始安水并与之汇合。

史禄带领工程团队历时四年左右，终于在秦始皇三十三年（公元前

灵渠入湘江处附近的塘市渡口

灵渠在溶江镇千家村汇入漓江

214年）把这条沟通湘江漓水的人工运河凿通，后人称之为“秦凿渠”。

关于这条“秦凿渠”，历史记载较少，对其有所记载的早期史书，除了西汉景帝在位后期至武帝初年时成书的《淮南子》，还有司马迁完成于武帝时期的《史记》。《史记·平津侯主父列传》记载：“又使尉屠睢将楼船之士南攻百越，使监禄凿渠运粮，深入越，越人遁逃。”这

南渠经过严关杉树村马头山段

1 秦堤漫步
2 秦郑国渠渠首遗址
3 与灵渠平行的湘桂古商道（六口岩段）
4 远望越城峤，其后为越城岭

迂回曲折的北渠（湘漓镇分水塘至打渔村段，上部北渠，下部湘江）

李济深于 1943 年题写的“秦堤”碑

段文字虽然较为简略，缺乏修渠的具体过程介绍，但明确地道出了“秦凿渠”在这场战争中发挥的关键性作用。

在《史记》和《汉书》中，还有关于汉武帝对南越国用兵的记载，虽然没有直写灵渠，但写到“出零陵，或下离水，或抵苍梧”，其中可见灵渠的身影。在北魏郦道元的《水经注》中，虽然也没有直接记述灵渠，但“湘、漓同源，分为二水：南为漓水，北则湘川，东北流”“漓水与湘水出一山而分源也”的记载，又间接佐证了灵渠所发挥的“湘漓分派”的分水作用。

直至唐代，随着数百年的战乱和南北分裂局面的结束，重新迎来了国家的统一。在和平稳定的政治局面下，岭南得到进一步开发，灵渠才开始有修渠、用渠的详细记载。

秦凿渠在凿建之初的样貌，由于秦朝国祚过短等因素，在历史文献中已找不到相关的记载。而我们今天看到的灵渠，也是历代整修、改造而逐步完善的成果。但作为一条事关重大的军事运河，肩负战争时期大规模的运输任务，且根据秦人当时掌握的水利工程技术和组织能力来推测，这项工程不可能过于简陋。现在学界主流普遍认为，当时的工程至少应该包括拦截湘江的大坝，以及南渠、北渠。

其中，南渠从湘江分水大坝开始，到汇入大溶江的灵河口止，长 33.15 千米，可分为三段。

第一段是从渠首开始，开山筑堤，到联结始安水，共 4.1 千米，完全是人工开凿的河道。这段河道宽窄不等，山体平坦处有十多米宽的，在经过县城的一段只有五六米宽。

第二段从注入始安水开始，到汇入清水河（古称澪水，澪水上游称源江，中游叫石龙江，下游则叫清水河）止，为始安水河道，长约 6.25 千米。始安水原来水流量小，河道狭窄，经人工全面扩宽疏浚始能行船。

第三段从始安水入清水河口开始，至灵河口，长约 22.8 千米，这一段是清水河的自然河道，水面宽阔，水量大，但浅滩较多，经疏浚除礁后方可行船。

这段长33.15千米的人工运河，从渠首到灵河口的落差约为30米，水流平缓，利于行船。

北渠则长3.25千米，自北陡向北，全部为人工开挖，最后仍汇入湘江。北渠的长度虽然只有南渠的十分之一左右，容易为人所忽略，但却集中体现了古人的匠心和智慧。设计者故意将北渠开凿得迂回曲折，并挖出两个S形渠段，以延长流径，降低比降，减缓水流速度，调节径流量，便于平稳行船。因此，若论起灵渠的渠道，北渠与南渠的关系是相辅相成、缺一不可的。

所以，今天我们谈论的灵渠水利工程，准确的概念即是由渠首、南渠与北渠三部分组成。这三部分自秦朝奠基，两千多年来虽经历朝维修改造，却始终没有大的改变。

据《广西航运史》记载，根据陡门的宽度推算，秦汉时航行于灵渠中的船只宽约5米，长度约20米，载重量可达500～600斛粮食（约合20～30吨）。用这样的船只运粮，无疑比人力、畜力的运输能力提高了许多倍。这对保证秦军岭南战争的胜利，无疑起着不可估量的作用。

我们应当看到，处于创建阶段的秦朝时期的灵渠，在当时以相对较小的代价，一举改变了中国的历史，体现出秦代劳动人民杰出的水利工程技术水平，也因此得以在后续各个朝代的修缮整治下沿用至今，为后世留下数不尽的便利。

灵渠修成后，秦军有了稳定充足的后勤保障，在继任将军任嚣和部将赵佗的统领下，终于征服岭南，并设南海、桂林、象郡三郡，将岭南正式纳入秦朝版图。历史已经证明，秦朝对中国统一多民族国家的形成和发展作出了彪炳史册的贡献。秦始皇虽然滥用民力，过度征发徭役，

兴安县高尚镇山湾村山立桥，
旧为湘桂古商道上的要道

为秦短命而亡埋下祸根，以致后世对他褒贬不一，但仍被明代思想家李贽誉为“千古一帝”，可谓实至名归。

尽管灵渠当时仅仅出于军事用途而开凿，它却由此见证了中原王朝对南方的征战，直至最终确定古代中国南疆版图，乃至建立大一统帝国的重要历史进程——这是具有世界性意义的事件。灵渠的开通，还给岭南带来了中原先进的生产工具和生产技术，对岭南生产力水平的提高产生了重大影响。灵渠在沟通中原文化与岭南文化，促进双方之间的文化、经济交流等方面的作用是不可估量的。灵渠的开通，更构建了中原和岭南的水域交通网络。在古代中国，水道是运输大宗物资最为便捷有效的交通途径。灵渠作为中原与岭南唯一的水路交通要道，其作用至关重要。

除了开凿灵渠，为了进一步沟通中原和岭南，秦人还在南岭之间扩筑“新道”。“其中的两道：一是从湖南的道县一带越过萌渚岭到广西的贺县（今贺州市八步区）、钟山；二是从湖南沿湘江经广西全州、兴安过越城岭到桂林，也就是湘桂走廊线。至此，秦代桂东北地区与中原水陆交通的基本格局已大致形成。两汉时，继续沿用秦军开辟的交通线路，随着每次大规模军事行动的展开和交通运输业的发展，对这两条线路进行了进一步的开发。”（李珍、蓝日勇《秦汉时期桂东北地区的交通开发与城市建设》，《广西民族研究》2001 年第 4 期）

因此，有学者认为：“秦的统一，是具有重大意义的历史事件。秦人对交通的重视是促成统一的重要条件，建设联系全国的交通网络又是其重要的行政主题之一。南岭道路的开通，为中原文化扩展至南海提供了可能，汉武帝时期继承了这一成就。中原帝国开始面对南海，是东亚史乃至世界史上的一件大事。这一历史进步，是在南岭道路开通的条件下实现的。……在灵渠实际效益的启示下，南岭陆运的开发推动了这一地区交通事业的全面进步。”灵渠正如同帝国版图上的点睛之笔，“在交通进步的基础上，珠江流域文化与黄河流域文化、长江流域文化形成融汇，共同推动了中国历史的进步”。（王子今《秦汉时期南岭道路开通的历史意义》，《中国社会科学报》2012 年 12 月 28 日第 398 期）

兴安县城灵渠南路，可见万里桥（1987 年）

蜿蜒曲折的南渠（严关马头山段）

秦城遗址出土的铺地砖
兴安博物馆藏

秦城遗址出土的云纹瓦当
兴安博物馆藏

秦城遗址出土的瓦当
兴安博物馆藏

见证硝烟的秦城遗址

两千多年前的秦征百越之战早已经硝烟散尽，很少有人知道，在已经名满天下的灵渠的附近，还有一座见证这场战争的“秦城”。

在灵渠与漓江相汇处附近，当时为了保护这条军需入岭南的生命线，秦军在河口周围建筑了三处军营，即现在的兴安秦城遗址。由于历史久远，秦朝存在时间短暂，中国真正留存下来的秦代历史遗迹很少，灵渠岸边至今留存的秦城遗址可谓极为难得。

现在普遍认为的秦城遗址，广泛分布于自严关镇、白竹铺村以南，至小溶江口 7.5 千米之间。有研究者认为秦城遗址分“大营”和“小营”。大营北起马家渡，南至灵渠口，东濒灵渠，西临溶江，纵约 6 千米，横约 2 千米，总面积约 12 平方千米。其间尚存通济、大园、七里圩等城垣遗址。三处城池呈三角形分布，互为犄角，充分体现了此地作为军事要塞的险要。

在北魏郦道元所著《水经注》中，当时的秦城还被称为越城，明确记载秦城之名始自宋朝。南宋诗人范成大在《桂海虞衡志》中记载：“秦城，相传始皇发兵戍五岭之地。”之后在桂林做官的周去非在他的《岭

秦城遗址出土的板瓦
兴安博物馆藏

秦城遗址出土的筒瓦
兴安博物馆藏

外代答》中记载："湘水之南，灵渠之口，大融江、小融江之间，有遗堞存焉，名曰秦城。……北二十里有险曰严关，群山环之，鸟道微通，不可方轨。此秦城之遗迹也。形势之险，襟喉之会，水草之美，风气之佳，真宿兵之地。据此要地，以临南方。水已出渠，自是可以方舟而下；陆苟出关，自是可以成列而驰。进有建瓴之利势，退有重险之可蟠，宜百越之君委命下吏也。"这段话既说明了秦城位置的险要，犹如"襟喉"，一旦占据此地，即可扼住通往广西腹地的要道——由灵渠而出的水路和出严关的陆路要道；又说明灵渠对秦城的重要，它们各自的作用和相互的关系就十分明确了。因其重要的地理位置和历史作用，历代诗人对秦城也多有感怀，如南宋诗人刘克庄也有一首《秦城》，诗云："缺甓残砖无处寻，当年筑此虑尤深。君王自向沙丘死，何必区区戍桂林。"

20世纪末，时任广西壮族自治区博物馆馆长的蒋廷瑜先生带领考古人员对七里圩城址进行了三次挖掘。经过勘探和发掘，挖出许多陶、铜、铁制物品，有生活用具、生产工具、兵器和建筑材料等。从城址地表散布着大量的板瓦、筒瓦残片和城内出土的饰有精美图案的瓦当、铺地砖来看，七里圩王城不是一般的民用建筑。高大的城墙、宽而深的城壕，以及角楼、马面、单城门的设置，透露出用于军事防御的气息。出土的铜器、铁器大多数为矛、镞等兵器，还有大量投掷用的陶球，都说明这座王城应为一座汉平南越后建造的军事性质的古城，也可能是一座军政合一的重要城堡。七里圩王城地处湘桂走廊，扼守着中原与岭南往来的交通要道，具有重要的战略地位。

到了2013年，为配合灵渠申遗工作，文物管理部门对通济古城遗址进行了一次考古发掘。据参与发掘的广西文物保护与考古研究所研究员李珍介绍，这几年对秦城的发掘成果表明，通济古城始建于战国晚期，早于始建于汉代的七里圩王城。通济古城发掘出土的遗物与七里圩王城有很大的区别，绝大多数具有楚国的风格，与从湖南、湖北等地战国时期楚墓或遗址中出土的器物进行对比分析可发现，通济古城出土的陶盂、陶罐、陶鬲、陶鼎等器物在陶质陶色、烧制火候、器物形态上与楚地所出的几乎一模一样。另外，同时出土的还有一部分几何印纹陶，这些陶器在纹饰和器物形态上也多属战国时期，如米字纹陶器主要流行于战国时期，是战国时期岭南地区最典型的几何印纹陶器，而且陶器纹饰中尚未出现南越国时期形成的中原纹样与本地图案相结合的戳印纹。因此，通济古城的建造年代应该在战国晚期至西汉初，也就是说在南越国之前的秦代。从目前所掌握的资料来看，战国时期楚文化已深入到桂北地区，

秦城遗址附近发现的地下引流灌溉涵洞

秦城遗迹：大营土夯

但也只是在墓葬和遗址中有零星的发现，像通济古城这样出土大量楚器的现象还从未见过。

那么，通济古城如此多的楚器又是从何而来，目前只有一种解释，就是伴随大规模的军事行动而产生。秦征百越的五路大军中，“塞镡城之岭”的一路军队很可能来自楚地，因而在通济古城留下大量的楚器。这种就近招兵的现象在我国古代经常有之，如东汉伏波将军马援征交趾平征氏姐妹叛乱的部队就来自南方地区，“发长沙、桂阳、零陵、苍梧兵万余人讨之”。从出土遗物的年代和发现大量楚器现象分析，通济古城很可能是秦征服岭南时所筑的城址。（李珍《秦城三题》，《广西博物馆文集 第十一辑》，广西人民出版社 2014 年 12 月第 1 版）

另外，考古人员在 1983 年发掘石马坪汉墓群时，在石榴江畲地发掘到一座长方形竖穴土坑墓，随葬附耳球形鼎、覆钵形盖圜底盒、长颈圆腹圜底壶等软陶器，有楚墓的遗风，疑是秦墓。这也可以作为秦城存在的佐证。

从通济古城现存的规模看，大约能够驻扎万余人。如此数量的军队，在征服岭南的战争结束后，应该会从野战军的性质转为地方守备部队。战争结束，秦朝不可能继续征调大批的军粮南下，守军的生存成了迫切需要解决的问题，而在此之前，秦国的军事史上并无这种先例。担任戍守任务的士兵实行自给自足的军屯制应运而生。

中国的军屯制度有记载的历史起于汉代，而近年来相关研究人员对灵渠的研究显示，这一时间很可能上溯至秦军平定岭南百越之始。秦征服六国之时，战线相对较短，补给方便，并无屯田必要，直至平定岭南，戍守士兵的后勤保障才提上议事日程，而解决这个问题的唯一途径就是军屯。以军队戍边屯田，西汉时就常用此法开拓和驻守西北边疆。汉文帝时，大臣晁错就曾建议“徙民实边”。汉武帝时，赵充国建议“屯田”于边防，戍卫与垦耕并顾。此方法既可实现路途遥远、交通不便之下的自力更生，又可使兵力在防守时不白花人力，乃一举两得之构想。但是直到东汉末年，所有屯田的构想与实施都只限于避免从异地长途运输粮食，解决边境守备军队之需，并不作为经济和社会制度。一直到东汉末，屯田才由曹操正式定为“屯田制”加以执行。

推测戍守秦城的士兵有实行军屯的可能，主要基于如下几点：1. 灵渠、湘江两岸有大量肥沃的土地可供耕种；2. 从地处灵渠腹地，位于兴

秦城遗迹：大营护城河

安溶江七里圩、马家渡口、通济和太和堡诸地之间的秦城遗址中，考古均有铁器农具发现；3. 灵渠边渠田垌一带田地划分整齐，有井田制的遗存，而且自古以来以“一渠沟”“二渠沟”“三渠沟”命名；4. 在秦城大园遗址两千米外的一甲村附近发现有长达数千米的地下引流灌溉涵洞，据专家考察应是有规划的水利工程，修建年代很有可能在唐以前；5. 灵渠两岸有多处以“军田”“屋场 ”为名的村庄，都带有军屯的痕迹，其中位于县城边的季家屋场尤具代表性。《汉书 · 食货志上》记载，“六尺为步，步百为亩，亩百为夫，夫三为屋”，即三百亩为一屋。不过，这些关于灵渠屯田文化的推论，还需要进一步的考古和调查来确认。

渠田垌上运稻草的农民

田地整齐、阡陌分明的渠田垌

谷纹高足玉杯

尺寸：高 11.3 厘米，口径 4.5 厘米，足径 3.3 厘米

时代：西汉

来源：1976 年出土于广西贵县（今贵港市）罗泊湾 1 号墓

玉杯由一块黄褐色半透明的硬玉雕琢而成。呈圆筒形，器壁厚薄均匀，平口、直腹、圜底、下连豆把形空心座足，腹部镂刻每两个乳钉为一组的谷纹，上下左右穿插排列，口沿和下腹各刻一周卷云纹，足柄素

此玉杯是承露盘中的一个部件，下边还有一个盘是承取露水的求神用品。该器形约始于西汉时期，晶莹润滑，雕刻精细，造型优美，是一件艺术珍品（撰稿：唐剑玲）

广西壮族自治区博物馆藏

汉 > > > > > >

秦统一岭南后，设立了桂林郡、南海郡、象郡。“秦并天下，略定扬、越，置东南一尉，西北一候，开南海以谪徙民。”（《水经注·浪水》），“置东南一尉，西北一候”，即属于统一后的秦朝加强对边境的统治和防守的重要举措。

所谓“东南一尉”，就是在岭南三郡“置南海尉以典之”，由掌兵的南海尉专断一方，加强其军事应变能力。南海尉驻南海郡治番禺。秦朝任命的南海尉就是继屠睢之后率兵击越的指挥官任嚣，为避免分散南海尉的权力，秦朝决定三郡一律不设郡守，只设监御史主管一郡事务。这一切措施，目的是巩固中央政权对于岭南的统治。“开南海以谪徙民”则是从内地大量移民，以充实岭南人口，也给岭南带来了先进的生产工具和生产方式，促进了岭南的开发以及岭南文化与内地文化的交流。

统一岭南的主将任嚣被任命为南海郡尉，而赵佗则被任命为龙川县令。赵佗到龙川（今广东省龙川县佗城镇）上任后，上书秦皇，“求女无夫家者三万人，以为士卒衣补”（司马迁《史记·淮南衡山列传》），获准一万五千未嫁或丧夫女子至南越，与留守士兵组建家庭，繁衍后代，充实了岭南的人口。大部分士兵则与当地越族女子通婚。同时大量汉人不断移入，“与越杂处”，改变了岭南的人口结构，促进了地区交往和民族融合，有利于岭南的稳定和发展。

秦始皇死后，秦二世继位，秦朝暴政愈演愈烈，激起了公元前 209 年的陈胜吴广起义，接着就是刘邦和项羽的楚汉战争，中原陷入混乱。公元前 208 年，南海郡尉任嚣病重，他召来时任龙川县令的赵佗，向他阐述了依靠南海郡傍山靠海、有险可据的有利地形来建立国家的主张，嘱咐他“秦为无道，中原扰乱，番禺负山险，阻南海，东西数千里，颇有中原人相辅，此亦一州之主也，可以立国”。此后赵佗代行南海郡尉的职务。

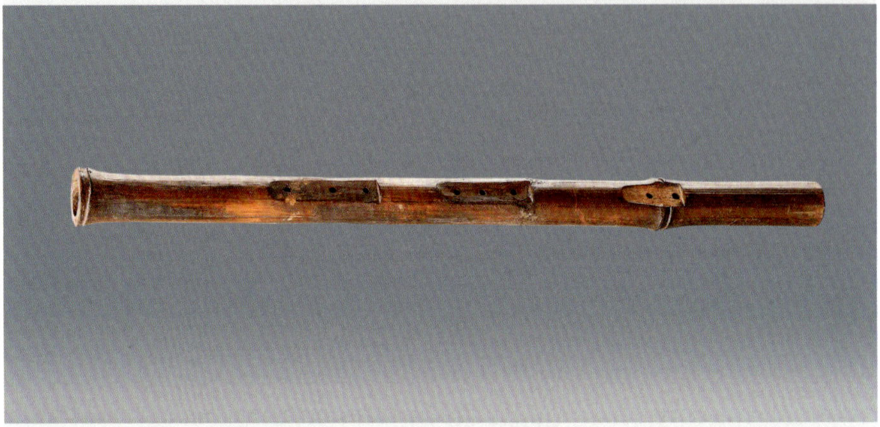

八孔竹笛

尺寸：纵 36.3 厘米，外径 2.2 厘米，内径 1.7 厘米

时代：西汉

来源：1976 年出土于贵县（今贵港市）罗泊湾 1 号墓

竹笛用一段带有两个竹节的竹管制成，正面共有八孔，其中七孔在同一节内，仅有一孔在头端的竹节之外，与其他七孔隔开。开孔处的竹青被刮去，形成第一、二孔；而第三、四、五孔，第六、七、八孔各为一组的平面。尾端的竹节打通，原有无塞已不明

笛在古代称为“篴”。竹笛的出现始于黄帝时期。到秦汉时期已有了七孔竹笛。汉代竹笛出土较为罕见。这件竹笛造型小巧，为研究我国古代管乐器提供了宝贵资料

广西壮族自治区博物馆藏

不久，任嚣病亡，赵佗向南岭各关口的军队传达了据险防守的指令，防止中原的起义军队进犯，并借机杀了秦朝安置在南海郡的官吏们，换上自己的亲信。秦朝灭亡后，赵佗起兵兼并桂林郡和象郡，在岭南地区建立南越国，自称“南越武王”。南越国的疆土，北至南岭（今广东北部、广西北部和江西南部一带），西至夜郎（今贵州西部、北部，四川南部，云南东北部，广西北部），南至海（今越南的中部和北部），东至闽越（今福建北部、浙江南部）。都城在番禺，即今广州市。因此，在秦末汉初天下大乱时，岭南地区却相对安定。

秦始皇用军事征服了岭南，但统治时间过短，尚未平服人心。在赵佗统治之初，南越国社会经济还处于相对落后的“火耕而水耨”“渔猎山伐为业”阶段。赵佗总结了历史经验，深入越族地区，主动学习越人风俗，采取“和辑百越”的民族融合和民族自治政策。赵佗也善于审时度势，在西汉建立之后，臣服汉朝，被汉朝封为南越王，年年修职进贡，与内地频繁通使、贸易，既维护了中华民族的统一，又进一步促进了岭南的发展。特别是南越国和汉朝互派使者、互相通市，中原地区的铁器、牛耕等生产资源及技术源源不断引入岭南，使岭南生产得到快速发展。

扶桑树形铜灯

尺寸：高 85 厘米，底径 20 厘米

时代：西汉（公元前 206—公元 8 年）

来源：1976 年贵县（今贵港市）罗泊湾 1 号墓出土

灯作扶桑树形，主干为圆柱形，上细下粗，下端为宝瓶形，覆盘形底座，从主干分两层向外伸出九条枝干，每枝顶端托一桑叶形灯盏，主干顶端置金乌形灯盏，其背部内空，中心有一插蜡锥，与《山海经》所记载相吻合。干、枝、叶、金乌分别铸造，用榫卯套合，合成一体，可以自由装卸。枝干有长短，上层的短，下层的长，上下之间互相错叠，不重复，枝干之粗端刻有“X”形符号

依据《山海经·海经·海外东经》中记“汤谷上有扶桑，十日所浴，在黑齿北。居水中，有大木，九日居下枝，一日居上枝”的神话铸就，具有很深刻的文化内涵。这件扶桑树形铜灯，上有展翅欲飞的金乌，是一件稀世珍品（撰稿：方凯彦）

广西壮族自治区博物馆藏

历史跨越秦末汉初近百年之久的南越国，对于岭南的开发功不可没。在秦始皇开凿灵渠、统一岭南并设立三郡后，南越国对岭南的近百年经营，从军事、政治、经济和思想文化上推动汉人与越人的融合，促进了南越族主体的汉化，使岭南日益融入中华民族的大家庭。其中，广西贵县（今贵港市）罗泊湾汉墓的发掘和研究，为人们了解南越国文明的发展程度，提供了丰富的证据。赵佗是领导开发岭南的第一人，他在中华民族历史上的功绩是巨大的。

1976 年 6 月至 11 月，广西壮族自治区考古队主持发掘罗泊湾 1 号汉墓，出土文物 1000 多件；1979 年 4 月至 6 月，主持发掘罗泊湾 2 号汉墓，出土文物 120 多件。罗泊湾汉墓出土陶、铜、铁、银、玉石、玛瑙、玻璃、竹、木、漆、麻、丝、车马器、乐器、兵器、木牍、木简、植物种实等器物，为了解和研究我国岭南地区在秦统一前后、西汉初期的经济、文化发展以及社会意识形态、民族的融合、民间习俗等历史问题，提供了丰富的实物资料。

据当时参与挖掘的蒋廷瑜先生说，这么巨大的规模，这么复杂的棺椁结构，这么丰富的随葬品，还有极为罕见的人殉，种种迹象表明，墓主人不是一般人物，生前很可能是当地最高统治者，即当时地方政权机构中的最高官吏。从随葬品中大批属于五岭以北的物品，如有盖铜鼎、铜壶、铜钫、铜盘、漆耳杯、漆盘、木六博等，以及大量的墨书、烙印、

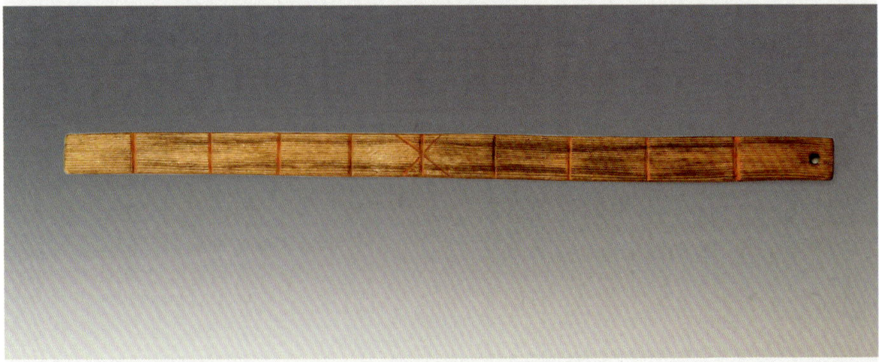

穿孔木尺

尺寸：纵 23 厘米，横 1.2 厘米，厚 0.1 ～ 0.2 厘米

时代：西汉

来源：1976 年出土于广西贵县（今贵港市）罗泊湾 1 号墓

木尺为杉木制，长条形，表面光滑平整。正面刻出十等分，正中刻交叉十字，刻槽内填以红漆。一端有圆孔，可以穿绳系挂。实测全长 23 厘米，每一刻分当为一寸

汉代时期广西诸郡县不仅保持与中原地区的商业往来，还同周围地区及海外有较密切的商业交往。在商业活动中，除以物易物外，还使用汉代统一的货币和度量衡。汉代木尺相对罕见，它是研究汉代度量衡制的珍贵实物资料，一尺相当于现代的 23 厘米，与长沙出土的战国楚尺相等，同秦商鞅量尺相当接近，可能是秦统一后在岭南推行的标准尺

广西壮族自治区博物馆藏

《从器志》木牍

尺寸：长 38 厘米，宽 5.7 厘米，中部厚 0.7 厘米，两端厚 0.2 厘米

时代：西汉

来源：1976 年广西贵县（今贵港市）罗泊湾一号墓出土

杉木制，长方形，正背两面都有字，侧面书写一“及”字及一竖划，表示正背面的衔接。正面在书写之前用刀削横划出大致相等的五栏，每栏自右而左书写八行至十一行，每行字数不等，多者十四字，少者仅二字。背面三栏，无刀削划痕迹，相当于正面第三、五栏无字，第一、四栏各八行，第二栏仅四行。全牍共 372 字，墨书字体为秦汉之际通行的略带篆书笔意的隶书，内容包括衣、食、用、玩、兵器等项品类 70 余种，内有中原产品，也有越地产品

开头一个圆点，是秦汉时期表示篇章段落开始的符号，在《从器志》中这种符号共有两处。从，跟随，这里指随葬；器，指器物；志，记。《从器志》即为该墓葬随葬品的记录清单。该墓葬随葬品之多，不仅说明了南越国在西汉前期已拥有丰富的物产，而且体现了汉初厚葬之风的盛行。木牍上的文字以及其他随葬品上带有的铭文则说明汉字在汉初时已在广西上层社会中流通，之后范围不断扩大（撰稿：唐剑玲）

广西壮族自治区博物馆藏

漆绘提梁铜筒

尺寸：高 41.8 厘米，盖径 13.8 厘米，底径 13 厘米

时代：西汉

来源：1976 年贵县（今贵港市）罗泊湾 1 号墓出土

此器为盛酒器。盖顶有环钮，深直腹，上部有一对铺首衔环耳，系活动提梁，圈足。同类器物在江苏、安徽、河北、辽宁、宁夏、山西、山东、陕西等地汉墓均有出土。其形状类似今广西壮族、苗族、瑶族人民外出劳动时随身携带用以盛水或装粥的竹筒。此器盖面绘勾连云纹，足部绘菱形纹。器身漆绘，上下共四段，每段均自成一个完整的画面。第一段似二人观斗兽。画面右方绘一独角兽，面对一似虎之物。独角兽腾空而起，向前猛冲；虎，劲向前，右前肢抬起，迎上。画面中间有一朱雀

第二段分为两组：一组绘两人围一朱雀及一兽对舞；另一组是一人荷矛牵犬前行，一人跪送

第三段分为三组：第一组一人骑虎。第二组有三人，一人负长矛而立，一人腋下挟剑而跪，一老者策杖而行。第三组有三人，以一高柄灯为中心，灯左方一人，侧身而立，似在言语，灯右侧二妇人，一前一后跪坐

第四段分为三组：第一组是画面左方，一人在奋力搏兽；第二组二人位于画面中间，相跪而揖；第三组二人戴冠，着深衣相向而揖

漆绘画面的内容，以上、下不同层次展开，这种表现方式正与长沙马王堆一号汉墓所出 T 行帛画相同。所画题材，造型生动，线条流畅，给人以惟妙惟肖之感。其中，人物的造型、服饰可在战国楚人绘画遗物中找到源头，并且，画面中两次出现的朱雀是楚人艺术创作中最为常用的母题之一。此外，画面的构图亦颇具匠心。故事的发生是以人物的行为动态提领情节，期间以流云、花木以及山岭补白，显得详略得当、浑然一体。作为一件难得的艺术品，此幅漆画是研究当时有关情况的重要实证

广西壮族自治区博物馆藏

大铜马

尺寸：通高 117 厘米，长 112 厘米，背宽 30 厘米

时代：西汉

来源：1980 年贵县（今贵港市）风流岭出土

这是一匹拉车的马，车已不存。马为雄性，分头、耳、身躯、四肢、尾等九段铸造装配而成。装配接头为子母口，上有卯孔，以竹钉固定。该马体型高大，肌肉丰满，四肢刚健；昂头，竖耳，张嘴，右前腿提起，作前奔嘶鸣状。眼、鼻、唇留有涂朱痕迹（撰稿：张磊）

广西壮族自治区博物馆藏

鱼水纹漆桶

尺寸：高 29.3 厘米，口径 22.3 厘米，底径 24 厘米

时代：西汉

来源：1976 年出土于广西贵县（今贵港市）罗泊湾 1 号墓

子母合口，直圆筒腹，平底。外髹黑漆，内髹红漆。盖顶为四层台阶式，盖边朱绘勾纹和水波纹。桶腹上下朱绘两道鱼纹，中夹两道水纹和一组蜗纹

广西壮族自治区博物馆藏

"夫人"桥钮玉方印

尺寸：高 5.1 厘米，边长 2 厘米

时代：西汉

来源：广西贵县（今贵港市）罗泊湾 2 号墓出土

此方印为印信，玉质黄褐色，方形桥钮，篆书白文"夫人"两字，左右排列，书法修长舒展、婉转流动、畅达自如，体现了汉玉印清俊洁净、畅达挺拔的线条特征。按照汉代制度，丈夫享有相当高的政治地位的女性，方能被称为"夫人"，可见其印主生前拥有相当尊贵的身份（撰稿：李永春）

广西壮族自治区博物馆藏

刻画的文字，都是当时通行全国的字体，都表明墓主很可能是来自中原的官吏。

秦始皇统一中国以后，在全国范围内推行郡县制，置郡守、郡尉，由中央直接委派。这些郡守、郡尉在地方上权力很大。在新开辟的边远地区，郡守、郡尉多从善战的将领中选拔。为了使政权易于统一，当时还有郡守、郡尉由一人兼任的，此人权力就更大。按《汉书·地理志》所载，布山县在秦代属桂林郡，汉代属郁林郡。墓中出土不少漆器烙印"布山"戳记，表明贵县应是桂林郡治布山县的所在地。秦朝灭亡后，代行南海郡尉的赵佗击并桂林、象郡，割据岭南，于是桂林郡也成了南越国的一个行政区。贵县既然是南越王国的桂林郡治所在地，桂林郡守、郡尉死后葬在这里，是完全可能的。

罗泊湾汉墓的挖掘研究，为秦征岭南后设立郡县制提供了实物证据。秦朝在统一岭南的过程中开凿灵渠后，岭南地区同中原内地的联系更加紧密，秦始皇不断将中原内地军民移戍到岭南来"与越杂处"，带来了先进的生产工具和生产技术，促进了岭南社会经济的迅速发展，也推广了全国统一的文字和度量衡制度，以及内地的丧葬礼仪制度。到了南越国时期，除了仿效秦汉制度和统治政策，还通过灵渠等新道与毗邻的长沙国及中原进行贸易往来。西汉政府在同南越国交界的边境上设有“关市”，进行由政府控制的有限贸易。从罗泊湾汉墓出土的文物中可以清楚地看到这些来自中原内地的影响。从出土的《从器志》木牍中提到“中土瓶”“中土食物”，出土器物中又有大批为中原内地所常见者，有的甚至镂刻有内地地名，如“犛”（今陕西省武功县）、“析”（今河南省西峡县）等，这些器物显然是从中原内地输入。岭南生产的食盐、水果、珠玑、犀角、象齿、翡翠等土特产，也得以从灵渠顺畅地北运中原，进一步促进了经济文化的交流，对促进南北民族的融合也有重要的意义。

灵渠所在的桂东北地区，由于地理位置相对优越，较广西其他地区更早更多地接受了中原的先进文化和先进技术，历经秦汉时期的交通开发，成为中原通往岭南最便捷的通道、中央政府与岭南地区联系的咽喉要地，因此在秦汉时期较之广西其他地区，城池密布，主要为郡县治所和军事城堡。早在秦始皇二十六年（公元前 221 年），秦朝就在此设置零陵县，属长沙郡。秦朝灭亡后，赵佗据桂林、南海、象郡三地自立为王，并派兵击占了苍梧郡（长沙郡）南部的一些地区，零陵县南部包括今桂林城区在内的地方，即成为南越国的占领区。据研究者考证，南越国占领区与汉政府管辖区的分界线，大致在今兴安县西南部的古越城与古严关之间。汉武帝平定南越后，为了巩固对岭南的统治，分长沙国南部桂阳郡和原南越国西北的部分地区新置零陵郡，郡治零陵县。

少有人知道的是，零陵县最初时的治所并不在今湖南省永州市，而正是位于灵渠附近。据《汉书·地理志上》记载，“零陵郡，（汉）武帝元鼎六年置”，辖十县，首县零陵，“零陵，阳海山，湘水所出，北至

1、2、3城子山村土夯城遗址

在兴安著名摄影师盛久永先生的拍摄手记中，有这样的记载：“古零陵县城遗址，位于界首镇城东村委东南面。87岁的秦大娘告诉我，她10岁左右从草窝窑到城子山村当童养媳，儿时和村里的小伙伴们常到那些土堆上玩。那时的土堆（土夯城墙）从村中一直延伸到八架车村，约2千米长，很壮观。这段土夯城墙在20世纪80年代末逐渐消失，但村中及村周边仍存有小段的城墙遗址。”

鄙入江，过郡二，行二千五百三十里。又有离水，东南至广信入郁林，行九百八十里。”《舆地广记》记载：“汉洮阳故城在今县（清湘县，今全州）西北，零陵故城在南。”《影宋本太平寰宇记补阙》：“零陵郡古理在今县南七十八里，有古城存。”根据史籍中的多处记载，可得知零陵县大致在今全州县南部与兴安县北部交界地带，即湘水、鄙水源头附近。据考古发现，其故地即今兴安县北部古镇界首附近城子山。

零陵古县遗址习惯上称为汉城，又称城子山遗址，与兴安县城南边的秦城遥相呼应，一南一北地守护着灵渠。城子山汉城遗址东临湘江，南城墙被一条叫沙江的小溪包围，现东、南、西三面的城墙还有残存，北面、西面的城墙还有100多米，城墙用黄土版筑而成，城内还可见大量绳纹瓦片。古城遗址东西宽 220 米，南北长 300 米，面积近 7 万平方米，略大于一般县城的规模。零陵在西汉时郡县同治，既是县治又是郡城所在地，因此古城遗址比一般县城略大是正常的。从筑城形式、方法上来看也具有汉代城址的特点。显然，无论是秦朝还是汉朝的中央政府，在此设置零陵县的目的都是为了借灵渠所在的湘桂走廊交通之便利，更好地经略岭南。灵渠像是中原王朝伸入岭南的一只手臂，通过河流和城池，牢牢地把握住广袤的岭南。

距城子山汉城遗址东不到 1 千米，有一座狮子山，两千年前这里窑火冲天、日夜不熄，这就是狮子塘汉窑。狮子山也叫渠口山，紧靠湘江，湘江在这里与另一条支流漠川河相汇，形成一个深潭叫灵潭，因此渠口山又叫灵潭山。灵潭是行船进入北渠时的一个重要码头，因水深潭大，可停靠大船数十条。灵潭再往上行，是一个很长的急滩，船只上行，则需要纤夫拉纤行船。此处有古村名渠口村，渠口村以北渠的入口得名，距汉城不足 1 千米，当年的汉城修建在这里，与秦城建立在南渠的出

北渠出水口

狮子山汉窑遗址

口——河口村同为拱卫灵渠的军事要塞，有异曲同工之妙。

渠口山上，有数座汉窑遗址，均为马蹄窑，生产出大量的陶瓦、陶水管等建筑材料，以及陶碗、陶罐、陶壶等生活用品，满足汉城建设和民众需要，也由此可见汉城当时的规模。

灵渠在为秦统一岭南作出不可磨灭的历史贡献后，作为一条以军事运输功能为主的运河，在秦末汉初风云变幻的数十年里，暂时淡出了人们的视线。

汉武帝登基后开始锐意进取，将视线投向了南方。这时南方发生了闽越王“郢”攻打南越王赵胡的战事，南越国向汉朝求救。汉武帝派大行（后称大鸿胪）王恢和大司农韩安国分兵两路去讨伐闽越。面临强敌的闽越国人为了自保，就杀了当时的国王郢降汉。王恢又派唐蒙出使南越要其服从汉朝。《史记·西南夷列传》记载：“建元六年（公元前135年），大行王恢击东越，东越杀王郢以报。……(唐)蒙乃上书说上曰：‘南越王黄屋左纛，地东西万余里，名为外臣，实一州主也。今以长沙、豫章往，水道多绝，难行。’”这里虽然没有直接提到灵渠，但是，唐蒙在建议进军岭南击南越的奏章中，有所谓“今以长沙、豫章往，水道多绝”的说法。灵渠既是由长沙南出岭南的水道之一，应该也属于那些“多绝”的水道之内。可见，作为一条为秦统一战争临时开凿的军事运

俯瞰城子山村

河，灵渠在秦末汉初还并不具备持续运行的条件，有可能在战后就逐渐废置，但汉初与其开凿时间相去未远，战事来临之时，仍然可以经过整修后恢复通航。在后来西汉征服南越国的战争中，灵渠又再度运转起来，担负起了军事运输的重任。

汉武帝建元四年（公元前 137 年）南越王赵佗去世，享年百余岁，葬于番禺。公元前 111 年，南越国权相吕嘉杀掉主张归汉的南越王赵兴，与中央朝廷抗衡。于是，公元前 112 年，汉武帝派兵十万，征讨南越。

《史记·南越列传》记载了这场战争：“令罪人及江淮以南楼船十万师往讨之。”“……故归义越侯二人为戈船、下厉将军，出零陵，或下离水，或抵苍梧”。汉武帝封路博德为伏波将军，兵征南越。其中，戈船将军归义越侯严所率军队“出零陵”“下离水”的进军路线，即是经过汉时的零陵县，取道灵渠进入漓江，南下至苍梧，然后沿西江直抵番禺。

征服南越国的战争在一年之后结束，灵渠也暂时完成了维护国家统一的历史使命，随后沉寂下来。此时，灵渠作为一条商道而运行，尚不具备天时地利的条件。

伏波将军美名传

到了东汉建武十六年（公元 40 年），交趾（治今越南北部）女子征侧、征贰举兵反叛，占领交趾郡，九真、日南、合浦等地纷纷响应。征侧便在麊泠趁机自立为王，公开与东汉朝廷决裂。光武帝刘秀拜马援为伏波将军，扶乐侯刘隆为副将，率领楼船将军段志等率兵南击交趾。于是，灵渠又承担起了第三次运输兵粮，维护国家统一的重任。

建武十八年（公元 42 年），马援、段志征发南方数郡万余人，取道灵渠，一路沿江南下交趾。“汉命马援征征侧而继疏之。”（鱼孟威《桂州重修灵渠记》）继史禄凿渠成功后，灵渠又迎来了一次新生。

《新唐书·李渤传》记载：“桂有漓水，出海洋山，世言秦命史禄伐粤，凿为漕，马援讨征侧，复治以通馈。”元代黄裳《灵济庙记》记载：“兴安灵渠，自史禄始作以通漕，既而伏波将军马援继疏之……”宋代乐史《太平寰宇记》记载：“后汉伏波将军马援开湘水，为渠六十里，穿度城，今城南流者是，因秦旧渎耳。”还有清代郝浴《广西通志》记载：“桂有灵渠，乃秦史禄、汉伏波所通水道者。”这些古籍都记载马

1 界首古镇
2 20 世纪 90 年代的界首古镇
3 湘江一级支流漠川河
4 冬季的灵潭，水面开阔

援在秦代灵渠的基础上，为军需运输而重新疏浚修治灵渠，使其得以承接秦凿渠的不朽功绩，以更完善的面貌，在后世发挥更大的作用。清代“岭南三大家”之一的屈大均，也曾评论灵渠功在当代、利在千秋的历史功绩：“自史禄凿灵渠，而两伏波赖之以下楼船，唐蒙所以请从夜郎浮舟直至番禺西浦者，亦以禄尝开辟此道云。”前人栽树，后人乘凉——灵渠可谓是这一古语很好的注脚。

建武十九年（公元 43 年），马援一路挥军南下，经数年苦战，最终平叛。此后，朝廷封马援为新息侯，食邑三千户，到了建武二十年（公元 44 年）秋，又给予其朝见时位次九卿的待遇。

马援平叛之时，每到一处，都组织人力，为郡县修治城郭，并开渠引水，灌溉田地，便利百姓。马援还对照汉律，对当地法律进行了整理，将越律与汉律相互矛盾的地方逐条上奏，并向当地人申明“旧制”，以便约束。从此之后，当地遵行马援所申法律，所谓“奉行马将军故事”。

因此，历史上岭南人民对马援的评价很高，至今在广西还有多处为纪念马援而建的伏波庙。桂林漓江边还有一座伏波山，即因唐代曾在山上修建汉朝伏波将军马援祠而得名，其著名景点还珠洞的试剑石即托名马援。在灵渠有关马援的传说故事中，也对他赞誉有加。

灵渠上有一座古桥，名叫马嘶桥，相传马援维修灵渠，策马到桥头时，胯下战马却长嘶驻足，不肯过桥。马援惊诧之下，下马细看，才发现此桥已朽。马援欲修此桥，却不敢擅动军饷，情急之下，当街售马换银修桥。马援的义举被当地百姓得知，民众感激万分，纷纷阻止马援卖马，并集资修桥，桥建成后，遂命名为马嘶桥。这类传说的出处已年代久远不可考，但从中可以看出岭南人民对马援的爱戴与怀念。

因此，马援在千载之后，仍然位列灵渠岸边的四贤祠接受后人的怀念和供奉。清代元展成在《重修陡河建海阳堤记》中写道："兴安县灵渠者，凿于秦，扩于汉，历唐、宋、明相继修治，所以分湘漓而南北达楚粤以咽喉者也。"这一说法，明确提出灵渠"凿于秦，扩于汉"，也是对灵渠的修建和维护过程的客观概括。

湘江一级支流潇川河

北宋政和五年（1115年）
桂州知州程邻“严关”巨
字题榜

严关便是玉门关

连通中原与岭南的通道，除了水路通道，还有一条陆路通道，与灵渠相互依托。其间更有一座著名的关隘，扼守要道，这就是在兴安县城以西 7.5 千米的严关镇仙桥村，矗立在狮子山与凤凰山之间的古严关。

据宋代周去非《岭外代答》和清代《兴安县志》记载，严关为秦始皇戍五岭所建，而《读史方舆纪要》所载则是汉武帝伐南越时由归义越侯严所建，因名“严关”。在《岭外代答》中，也将严关与秦城并举。虽然严关起源于秦汉之说已不可考，但也可见严关因其地处险要，自古以来就承担着军事要塞的功能。故《读史方舆纪要》也称严关“北负峻岭，陂陀险阻，若守御严密，以逸待劳，敌师虽多，无能难也，一失其险，则会城（桂林）单外，势不能孤立矣。严关之安危，非即粤西之存亡哉”。

严关还被人们称作中原与岭南越地的分界线，宋代李师中就在《过严关有感》中称“严关便是玉门关”；还有人把它说成是人文地理和南北气候的分界线，如范成大称“严关，或谓之炎关，桂人守险处，朔雪

1 严关雄姿。关门为清咸丰元年（1851 年）重建，内外额刻“古严关”三字为当时的兴安县知县商昌题写

2 严关文保碑

3 北宋政和五年（1115 年）桂州知州程邻“严关”巨字题榜

4 南宋嘉定九年（1216 年）广南西路转运判官方信孺巨字题榜“严关”二字题刻

5 南宋开禧二年（1206 年）广南西路转运使陈巩一行过严关纪行题刻

6 严关旁灵渠沿岸的六口岩村

7 严关江西坪村古民居保存状况良好，错落有致，气象不凡

8 严关江西坪村古民居雕刻精美的斗拱

1 2
3 4

1 1978 年严关旁的古道钉子路(江西坪段)

2 古严关旁山崖上密布的石刻

3 清末“邑中区四勿居士”罗鸿题写的七律，极写严关之险峻，并歌颂于此地建功立业的先贤马援与杨家将

4 民国时期兴安县名士张鼎星的题刻诗，中有“放眼图披五大洲，古严关险著千秋。山分狮凤东西卫，水绕湘漓上下流”之句

严关周边地形险峻，画面近处右为狮子山，左为凤凰岭，严关正在两山夹峙之间

多不入关，关内外风气迥殊，人以为南北之限也”。刘克庄《炎关》诗又云：“关北关南气候分，雪飞不过古来云。”而兴安谚语也有“北雪南雨飞不过”“飞雪不过严关口”的描述。

总之，严关控楚越之咽喉，形势险要，历来是从中原进入岭南，或从岭南进入中原必经的咽喉要地，大有“一夫当关，万夫莫开”之势。因此，古严关有“桂北第一雄关”之称，这里也因此成为历代兵家必争之地。南宋马塈抗元兵，明末瞿式耜抗清，都在这里发生过激烈的战斗。严关在历史上有着重要地位，城门北侧凤凰山的山崖上，留存宋代以来的 10 多方摩崖碑刻，其中最重要的是 3 块宋代摩崖题刻。

严关城隘建在凤凰山和狮子山两山之间，关墙全部就地取材，用石灰岩砌成，关墙长 43 米、高 5 米、厚 8 米，城门分内外两重，两重中间是天井，若敌军攻破一重，关上守军可从天井上砸下巨石歼敌，并堵死关门，在当时可算是比较先进的关隘设计。

严关江西坪村飞檐一角

兴安汉墓

汉代的兴安，因为灵渠的通航，又位于湘桂走廊，是中原进入广西的重要通道，所以逐渐成为岭南西部、桂东北地区的重镇。由于汉朝政府推行“移民实边”的政策，再加上两汉动荡之际，岭南地区社会秩序相对稳定，大量中原移民不断南迁，人口持续增加。据秦汉史专家王子今教授的研究，以兴安当时所在的零陵郡为例，从西汉汉平帝元始二年（公元 2 年）到东汉汉顺帝永和五年（公元 140 年）的 138 年间，当地人口增长超过 6 倍，达到百万左右，移民当为主要增长因素之一。在这样的背景下，当地的经济和社会文化逐渐繁荣发展，从现存的大量汉墓葬即可看出。

兴安的汉墓群在湘江及灵渠两岸均有发现。数量多、规格高，在桂北地区非常罕见，也可见证当年灵渠地位的重要性。目前已发现的有石马坪汉墓群、界首汉墓群、城东汉墓群、城台岭汉墓群等 8 处。兴安的汉墓群最重要的是位于灵河秦城边的石马坪汉墓群。在方圆 3 平方千米的地方，到处可见一座座的封土堆，按封土堆的大小推测，墓主人的身

汉三足兽刻画几何纹陶樽
兴安县博物馆藏

汉双系鼓腹陶罐
兴安县博物馆藏

汉陶作坊
兴安县博物馆藏

汉圜底带流罐
兴安县博物馆藏

汉耳球形三足陶鼎　石马坪汉墓群出土

兴安县博物馆藏

汉陶长颈瓶　石马坪汉墓群出土

兴安县博物馆藏

双系陶壶　石马坪汉墓出土
兴安县博物馆藏

汉陶楼　界首汉墓群出土
兴安县博物馆藏

（左）汉陶楼　界首汉墓群出土
兴安县博物馆藏

（右）汉铜鐎壶　石马坪汉墓群出土
兴安县博物馆藏

汉陶鼎　界首汉墓出土
兴安县博物馆藏

份应在将军、侯、府君的等级。石马坪汉墓群共有汉墓 1000 余座，这还不包括被毁掉已成平地的，以及深埋地下的。这个汉墓群是 1957 年进行文物普查时被首次发现的，据后来兴安县文物部门发掘的 26 座墓葬看，均为汉墓。石马坪汉墓葬群 1963 年被定为广西壮族自治区级文物保护单位。到 1983 年、1984 年，文物部门又发掘汉墓 25 座，出土珍贵文物 300 多件。石马坪汉墓群的出土文物包括铜器、铁器、金器、玻璃器等，这些文物对研究秦代统一岭南及汉代开发岭南有重要的价值。

秦统一岭南后，岭南经济文化得到迅速发展。随后的汉朝继承和完善了秦建立的一整套社会制度，政治、经济、科技和文化不断发展，形成了以汉族为主体的中华民族，以及中国历史上第一个发展高峰，并对后来的中国历史进程产生了直接、深远和重要的影响。这样一个国力强盛、社会稳定、开放包容的朝代，也为岭南与中原乃至海外的经济文化交流提供了一个良好的基础。特别是汉武帝平定南越以后，岭南与中原的联系更趋密切。随着灵渠商用价值的日渐提升，岭南地区与邻近地区的物资交流，以及与东南亚各国之间的贸易也日益频繁。

中国历史上的丝绸之路，起源于西汉。公元前 138 年，汉武帝派张骞出使西域，之后开辟了以首都长安（今陕西省西安市）为起点，经甘肃、新疆，到中亚、西亚，并连接地中海各国的陆上通道。它最初的作用是运输中国出产的丝绸等商品。强大的汉朝在开辟西域的丝绸之路的同时，也开辟了南方的海上丝绸之路。

海上丝绸之路是指古代中国与世界其他地区进行经济文化交流交往

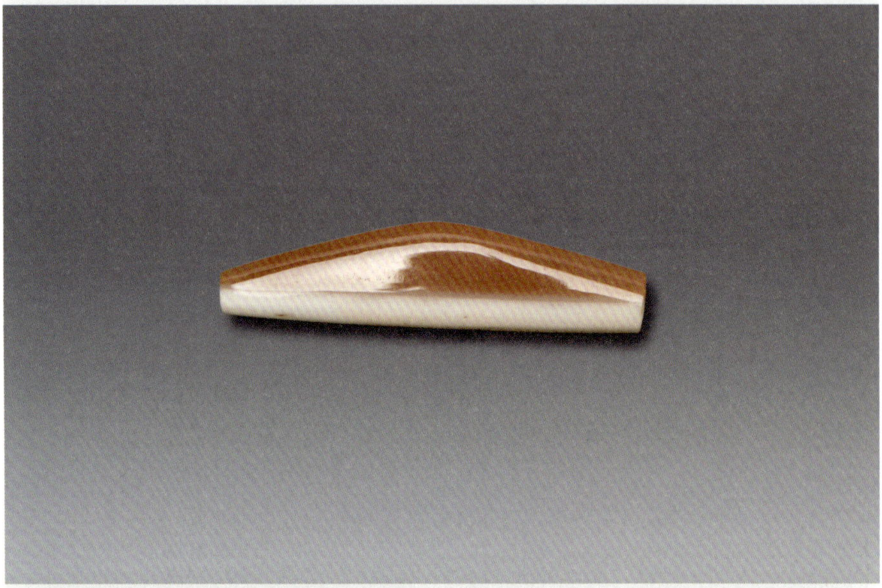

西汉红白间色玛瑙配饰
尺寸：纵 9.3 厘米，横 2.4 厘米
时代：西汉
来源：1976 年 11 月，出土于人头岭黎湛铁路南面
形似石磬状，中间宽，两头窄，体形美观，颜色鲜艳，光泽耀眼，上部为浅红色，下部为乳白色，半透明，可称夹胎类佩饰玛瑙，上下边缘为半圆形，两端中部红白相间处有小孔互通，可用穿线佩戴用
贵港市博物馆藏

东汉玛瑙龙雕饰（左）
尺寸：长 2 厘米，宽 1 厘米
时代：东汉
来源：1976 年 11 月，出土于人头岭铁路边
龙状。头大身小。脑圆鼻上翘，眼凸口开，显露上牙，短颈，身扭曲，尾巴叉开。体淡黄，玛瑙质，透明光亮。脑后划栉纹
贵港市博物馆藏

东汉赭色六棱柱玛瑙饰（右）
尺寸：纵 2.2 厘米
时代：东汉
来源：1977 年 11 月，出土于风流岭 M2
这粒玛瑙饰六棱柱形，出土时器形完整，赭色，通体光滑，两头呈六角形，体正中竖镂通两头的圆孔，赭色，玛瑙质，通体光滑。造型较美观，充分体现当时制造玛瑙饰品技术的高超
贵港市博物馆藏

的海上通道。公元前 112 年，汉武帝平南越；公元前 111 年，划出南海郡、象郡交界地方置合浦郡，郡治合浦（今合浦县城），同时设合浦县。此后，一条以合浦郡所辖的合浦、徐闻为始发港的海上丝绸之路正式开通，成就了当时世界性的贸易网络。灵渠作为秦朝开凿的岭南沟通中原的重要水道，在新形势下成为一条联结海外东南亚各国的商道，是当时通往海上丝绸之路最重要的内陆航道。

《汉书·地理志》云：“自日南障塞，徐闻、合浦船行可五月，有都元国；又船行可四月，有邑卢没国；又船行可二十余日，有谌离国；步行可十余日，有夫甘都卢国；自夫甘都卢国船行可二月余，有黄支国，

透明六棱水晶珠（左）
尺寸：腰径 1 厘米
时代：东汉
来源：1984 年 9 月 8 日，出土于铁路新村 M4
两头小，中间大，折腰呈六棱面，有一穿线孔，水晶质，透明
贵港市博物馆藏

蓝色玻璃耳珰（右）
尺寸：一件长 2.8 厘米，另一件长 2.7 厘米
时代：东汉
来源：1957 年出土于广西贵县（今贵港市）南斗村 4 号墓
耳铛呈细长腰鼓状，一头大一头小。两端截面平切圆形，有对穿孔
耳铛，古代妇女饰品之一。有孔的耳珰以腰鼓形或喇叭形居多，两端略有大小以便穿戴，以纵贯孔穿线系坠，坠饰多为珠玑小铃之类（撰稿：唐剑玲）
广西壮族自治区博物馆藏

民俗略与珠厓相类，其州广大，户口多，多异物，自武帝以来皆献见……自黄支船行可八月，到皮宗；船行可二月，到日南、象林界云。黄支之南，有已程不国，汉之译使自此还矣。”这是史载最早的有关中国与东南亚、南亚之间存在远洋贸易航线的记录，也是汉武帝时期有关海上丝绸之路的最早记载。

据研究显示，《汉书·地理志》所提及的这些国家皆属中南半岛的东南亚古国，位于今天的越南、泰国、缅甸、印度、斯里兰卡等国，《汉书·地理志》较为详细、准确地记录了官商船队的航程、地点与时日，可见当时与这些国家已有多次官方往来的记录。这条远洋贸易航线以丝绸贸易为主，故称为“海上丝绸之路”。汉代的海上丝绸之路是我国海船经南海，通过马六甲海峡在印度洋航行的真实写照。即自合浦郡的合浦、徐闻两港往南海通向印度和斯里兰卡，以斯里兰卡为中转点，中国从此处可购得珍珠、璧琉璃、奇石异物等，中国的丝绸等由此可转运到罗马。

《后汉书·西域传》记载：“至桓帝延熹九年，大秦王安敦遣使自日南徼外，献象牙、犀角、玳瑁，始乃一通焉。”这是中国同欧洲国家直接友好往来的最早记录。这种友好往来，是通过突破了斯里兰卡的中转、接通了海上远洋东西航线直接进行的。

中原一带的丝绸、茶叶、陶瓷等出口商品，在汉代有两条路径可到达徐闻和合浦，一条是从东南沿海经海路运输，另一条就是从长江转入

汉水晶串珠
兴安县博物馆藏

洞庭湖经湘江过灵渠，经桂江到达与西江的交汇处，可顺流而下到达番禺，或逆西江而往浔江方向前往合浦，到达这两处海上丝绸之路的起点。在灵渠沟通了湘江和漓江之后，汉代时又在南流江与北流江的分水岭上始建桂门关（桂门关又名“鬼门关”，位于玉林市博白县浪平镇，距博白县城 9 千米），陆路沟通北流江与南流江，中原地区的丝绸、茶叶、瓷器等商品，得以从长江、湘江，过灵渠进入漓江，再经北流江、南流

名称：蓝水晶串珠
尺寸：单个珠长 1.5 - 3 厘米
时代：西汉
来源：广西合浦县望牛岭 M1

佩饰品，浅蓝色，有六粒蓝水晶串珠，透明，有玻璃光泽。四粒为六棱柱形，大小不一，两端截平，有对钻孔；其中一粒两端饰凹弦纹，中间有两道凹槽；另两粒为不规整扁柱形，两端截平，有对钻孔（撰稿：何湘梅）

广西壮族自治区博物馆藏

玛瑙小动物
尺寸：单件玉雕高 1.3 厘米，最长 1 厘米
时代：西汉
来源：1975 年合浦县环城堂排 M2

这串玛瑙佩饰由 11 件小动物形状的玉雕组成，其中鹅形 5 件，虎形 6 件。采用圆雕技法，简练地表现动物的各部位，制作工整、形体准确、构思巧妙、形态生动

战国至汉代，玉雕动物佩饰进入鼎盛时期，各类题材层出不穷，形态千变万化。玛瑙出自西域，合浦汉墓中玛瑙饰物的出土，反映出汉代中原与西域已有广泛交流（撰稿：何湘梅）

广西壮族自治区博物馆藏

江水路到达合浦，然后漂洋过海到达海外各国。

如果说合浦是海上丝绸之路的始发港之一，那么灵渠就是合浦联结中原腹地、海上丝绸之路与陆上丝绸之路的关键节点。从历史记载看，汉代对外贸易中，自岭南通向长安的水路，从广西合浦出发是其中非常重要的一条线路，即合浦—南流江—北流江—浔江—西江—桂江—漓江—灵渠—湘江—长江—汉江—汉中—褒水，再经陆路至长安。这条路

名称：绿色玻璃串珠
尺寸：最大珠直径为 0.7 厘米
时代：西汉
来源：1975 年出土于广西合浦县环城堂排 3 号墓
共 549 粒。颗粒较小，珠形，大小不一，中有穿孔，珠内有气泡（撰稿：唐剑玲）
广西壮族自治区博物馆藏

线长达数千里，沿途没有大的险阻，又尽可能地利用了水路，是当时岭南漕运的主干道，灵渠正是这条水路通道的重要咽喉。

追溯海上丝绸之路的历史，合浦汉墓群以及邻近的贵港汉墓群的出土文物是有力的物证。其中，合浦汉墓群位于合浦县城一带，分布面积约 68 平方千米，现存封土堆 1056 个，估算地下埋藏墓葬近万座，规模相当庞大。1957 年迄今，已发掘的墓葬超 1200 座，以汉墓居多，

蓝色玻璃串珠

尺寸：珠直径 0.4 ～ 0.5 厘米

时代：东汉

来源：广西合浦县九只岭 M5

320 粒，器物为圆珠状，半透明，蓝色，细小玲珑，质较疏松，部分表面有气泡孔 （撰稿：唐剑玲）

广西壮族自治区博物馆藏

出土文物主要包括陶器、铜器、铁器、金银器、玉石器、玻璃器和珠饰，以及各种生活用品、明器等。其中最具特色的是大量与海外贸易相关的各类珠饰，包括珍珠、玻璃以及石榴子石、水晶、琥珀、绿柱石、玛瑙、肉红石髓、蚀刻石髓、绿松石和黄金珠饰等大量舶来品，此外还有香料、波斯陶壶和铜钹等。这些物件都鲜明地反映出合浦在汉代是中外贸易交往的桥头堡。随着域外文化的传入和影响，合浦也出现了域外文化与当

汉代胡人陶俑
兴安县博物馆藏

地文化特征融合的产品。不仅如此，海上丝绸之路还通过合浦港这一水路交通枢纽，沿着河流向内陆以及沿海辐射和延伸。在邻近合浦的广西贵港汉墓群中，也陆续有大量琥珀、水晶、玛瑙、琉璃等质料制作的珠饰和佩件出土。

20 世纪 80 年代，在由兴安县博物馆发掘的石马坪汉墓中，有几件很独特的出土文物。其中一件高约 8 厘米的坐姿胡人陶塑像尤为瞩目，还有琉璃器和玛瑙珠，玛瑙珠与合浦汉墓出土的西亚玛瑙“贸易珠”极为相似，这些文物极有可能是通过海上丝绸之路交流过来的物品。

更饶有意味的是，灵渠上有一座古桥叫“娘娘桥”，据《兴安县志》载，桥上的亭中自古以来供奉有天后娘娘像，故又名“天后桥”。

1989 年时的兴安县娘娘桥

天后娘娘即妈祖，是沿海渔民千余年来的精神支柱，也是海洋文化的象征。正是灵渠联结起了海上丝绸之路，才让沿海渔民的信仰沿江而上，来到了千里之外的兴安。

兴安娘娘桥现貌

名称：蓝色玻璃洗

尺寸：高 3.4 厘米，口径 12.5 厘米

时代：东汉

来源：1955 年出土于广西贵县（今贵港市）公路铁路交叉处 5 号墓

圆口，浅腹，圜底，内底中心有弦纹带。体半透明（撰稿：唐剑玲）

广西壮族自治区博物馆藏

唐

三国时期，岭南归属东吴，作为东吴的战略大后方，财赋、兵员的供应地以及海外贸易的主要基地而备受重视，得到进一步的开发和治理。灵渠经过汉时的修缮，保持着水路的畅通。汉末天下大乱，南渡避乱的北人为数众多，甚至不少中原人士远迁交趾，岭南人口也在这次大规模南迁中大幅度增加。灵渠所在的始安县也升格为郡。以灵渠为代表的畅通的水陆交通，也为这次人口迁移提供了便利条件。交趾与内地的往来，除了海路，最重要的就是灵渠所沟通的南北水路系统。史载岭南多奇珍异宝，《后汉书·贾琮传》中即称："旧交阯土多珍产，明玑、翠羽、犀、象、玳瑁、异香、美木之属，莫不自出"。据《三国志》记载，当时的交趾太守士燮每年向孙权进献"杂香细葛，辄以千数，明珠，大贝，流离，翡翠，玳瑁，犀象之珍，奇物异果，蕉邪龙眼之属"。这些来自岭南西部的交趾奇珍异宝，就要借助灵渠所连通的水路交通一路北上。

西晋时期，始安郡划归广州管辖，而兴安境内的湘江流域一带仍属零陵郡。西晋永嘉元年（307 年），荆州郡中今属全州、灌阳等地被分出来，成立湘州，始安郡亦随之划归湘州。

南北朝时期，梁武帝天监六年（507 年），广州被分割，在桂林设置了桂州，始安郡划归桂州管辖。至陈朝，原来属零陵郡的今兴安湘江流域一带，被并入了始安县，兴安县的范围基本确定，并完全脱离了零陵郡。

隋朝统一中国后，始安县仍归始安郡，兴安整个县境都归入了今日之广西。

隋亡，唐朝改郡为州，增加了州县，使行政区划范围缩小，以便管理。武德四年（621 年），唐高祖李渊派大将李靖击溃后梁皇帝萧铣，收降岭南九十六州，在始安县内划出了今日的兴安地区，设置了新的临源县（因兴安县是湘江、漓江的发源地），隶属桂州，县城设在城台岭上。

唐代宗大历三年（768 年），临源县改名为“全义县”。大历三年，桂州将领朱济时与广州番禺的冯崇道叛唐，朱济时攻下了周围十余座州县城池，而临源县内官民坚守，朱济时久攻不下。唐代宗为表彰全县官民忠义，将县名改为“全义县”。大历六年（771 年），朱济时被容管经略使王翃平定。

唐朝是中国历史上统一时间最长、国力最为强盛的朝代之一，岭南地区得到进一步开发。为了适应边疆开发的需求，唐朝武则天时代，朝廷在桂林临桂又开凿了一条连接漓江支流良丰江（相思江）和柳江支流洛清江的相思埭运河（又称临桂陡河、桂柳运河），扩展强化了广西的内河系统，使广西的政治经济中心桂林同广西西北部和贵州的水路直接相连。相思埭运河与灵渠并称桂林府东西二陡河，其作用一直延续至清代。

岭南水运交通的发展，使得当地与中原之间的商贸往来也随之增多。据《旧唐书》记载，唐朝天宝年间，长安城东有一座巨大的港口，称广运潭，全国各地向都城运送的粮、盐、财宝的船舶都在这里停泊装卸。在一次唐玄宗检阅的各地船舶的展览中，就有满载玳瑁、珍珠、象牙、沉香的南海郡（今广州）船和满载蕉葛和蚺蛇胆（名贵药材）的始安郡（治今桂林）船。这些船舶都是经灵渠而来的河船。后来，灵渠这条水道越来越繁忙，航行的船只也越来越大，最大载重量达到10吨。但灵渠在枯水季节通航困难，甚至断航的时间也越来越长，这样的状况显然不能适应经济发展的需要。于是，灵渠迎来了一次脱胎换骨的改造。

神奇的陡门

唐敬宗宝历元年（825 年），桂管观察使李渤奉命主持灵渠的修复工程。他亲临现场，进行了详细考察。他看到眼前的灵渠状况大致是："年代寖远，陡防尽坏，江流且溃，渠道遂浅，潺潺然不绝如带，以致舳舻经过，皆同夥荡，虽篙工楫师，骈臂束立，瞪眙而已，何能为焉！惟仰索挽肩排，以图寸进。或王命急宣，军储速赴，必征十数户乃能济一艘。"（鱼孟威《桂州重修灵渠记》）显然，已有千年历史的灵渠年久失修，许多问题亟待解决。

李渤经过大量的调查研究，并召集了许多水利专家，集思广益，制定了维修灵渠的六字方针，即"铧其堤""陡其门"。

渠首工程中起分水作用的堤岸，因多年受洪水冲刷而多有残缺。北渠的石堤在唇亡齿寒的处境中，坝之左端遭受洪流冲击严重崩缺，河水都从崩毁的石堆流走。李渤从现场调查中发现，河之中央水流湍急，单宽流量大，冲刷力强；河岸旁的水流缓慢，单宽流量小，冲刷力小。要保证拦河坝安全，就必须改变这种主流集中的流势，让顺水流势的拦河

“天下第一陡”——灵渠
南渠入口的南陡

陡
渠南陡

坝卸流减冲，化解水流撞击力。有如向前的铧犁对静止的土，斜的犁头则可以卸土减载。同理，斜坝有利于降低单宽流量，提高坝身的安全度。他在前人的渠首工程实践中得到了新的认识，产生了新的理论飞跃，“遂铧其堤以扼旁流”。

“铧其堤”就是依照铧犁的模样及其不同部位的功能去建造相应部位的石堤。如河中流部位的分水堤，“铧其堤”就是用叠石在堤的迎水端依照铧犁的嘴形建造一铧嘴，使上游来水在铧嘴处抛射出两股反向抛物线形水流，组合成牛轭形的流态，分流入左右两旁之河，达到“以扼旁流”的目的。

又如分水铧嘴两侧的北渠石堤和南渠石堤，“铧其堤”就是照铧犁之两侧形态，用大石建铧堤，让上游牛轭形的洪流均匀地从石堤面上斜向泄入湘江下游。非洪水时，按轭形将水向北、南两渠铧堤导流入渠。北渠水流入湘江，进入湖南；南渠水流入漓江，进入广西。“湘漓分派”为真实写照。“铧其堤以扼旁流”综合效果是变中流向旁流，化集中为分散，降低过坝的单宽流量，提高坝身的安全度。其技术措施与工程目的，堪称匠心独运、技术高超，与同是秦代水利工程的都江堰上的“鱼嘴”有异曲同工之妙。李渤是在总结前人实践经验的基础上，提高认识并产生新的理论飞跃，再实践而获得工程的成功。

坝首的问题解决后，就是“陡其门”的实施了。

陡是陡门的简称，也称斗门，相当于现代的闸，为控制渠水的蓄泄而设。古陡门与现代闸在形态上有很大差异，但作用原理和基本构成是一样的。灵渠所处的兴安县境内，属亚热带季风气候区，全年降水量分配很不均匀，春夏雨量充沛，秋冬季节常有 4 ～ 5 个月的枯水期。而且灵渠渠道历来有“浅”“狭”“曲”“急”之说，不同季节、不同渠段水量大小不一、水流速度迥异，对船只航行十分不利。因此，“陡门”才应运而生，设置在水浅流急的渠段，用来调节水位，减缓渠道水面比

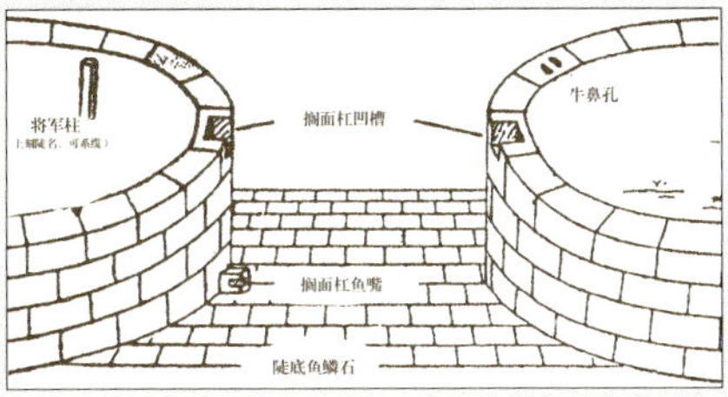

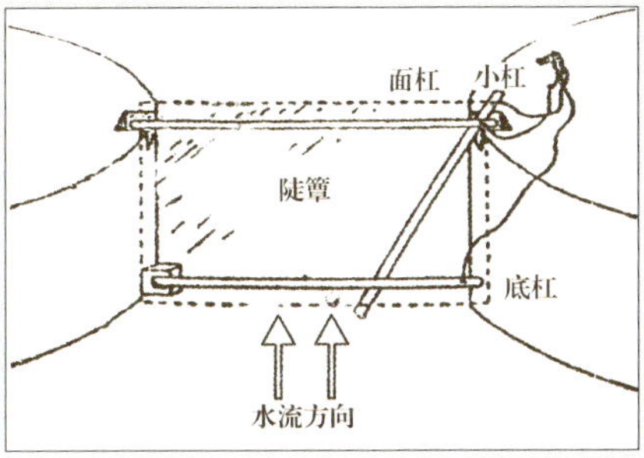

（上）陡门构造示意图
（刘建新《灵渠》）
（下）陡门使用示意图
（刘建新《灵渠》）

降，方便南北往来的大量船只快速通航。

最初的陡是竹木结构，应为李渤在相传为马援“节斗门”的基础上发展而成。唐咸通九年（868 年），新任桂州刺史兼桂管防御观察使鱼孟威主持修渠时，才“悉用坚木排竖”，材料和结构都有了改进，但基本原理是相同的。后至明初修渠时，才改为石结构。

现在所见陡门，都是清代陆续重修、改建和新建的。陡是用加工后的巨型条石在渠道流浅水急之处两侧砌筑成两个墩台，形状有半圆形、圆角方形、半椭圆形、梯形、蚌壳形、月牙形和扇形等多种，以半圆形居多。在宽河槽中，一侧墩台后还设减水坝与岸相连，既减少了墩台的工程量，又解决了汛期过水的问题。墩台上预留安装陡杠的槽口和石嘴，还有系绳固定塞陡设备的牛鼻孔，岸上装有系船柱，柱上刻有陡的名称，以便船工辨认行程，称为“将军柱”。陡的墩台建在修整过的岩基上，陡门底板大多为修整过的礁石，也有的用块石补砌成平面，以防冲刷，个别的也有卵石砂砾质底面。

因渠道情况不同，相邻两陡间的距离有很大差异，距离大的可在 2

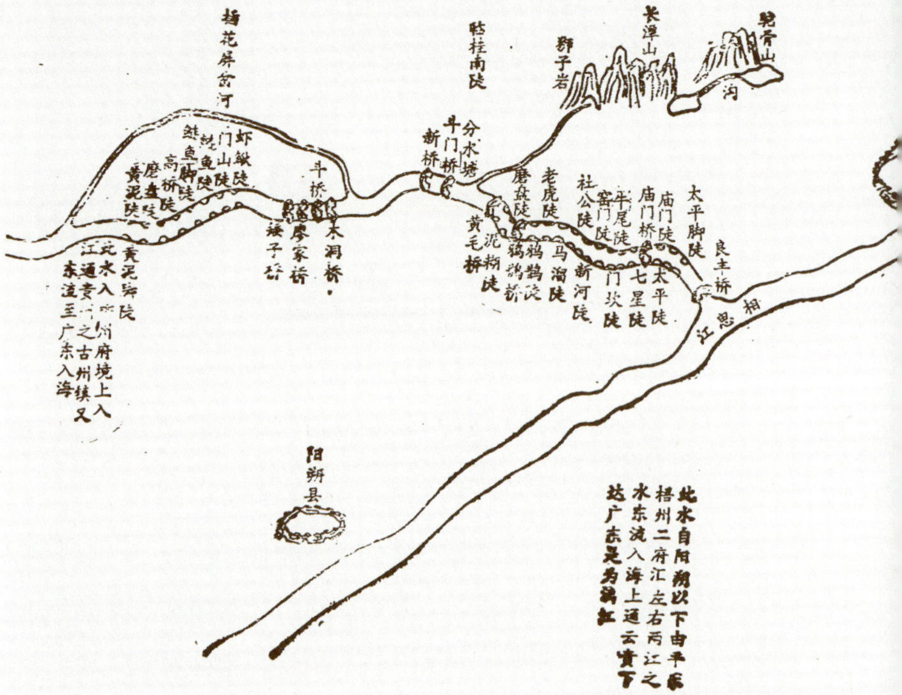

[清] 杨应琚《桂林府南北陡河图》

千米以上，例如牯牛陡至鸾塘陡；最小的在 150 米左右，例如禾尚陡至三里陡、三里陡至印陡、门限陡至十五陡以及北陡至湾陡，每组都相当于一座船闸。太平陡、铁炉陡、禾尚陡，三里陡、印陡之间距离都在 140—200 米，相当一组多级船闸，这在世界运河发展史上长期处于领先地位。1986 年 11 月，世界大坝委员会组织全球 60 多位知名专家学者来到灵渠考察。经过实地察看后，他们赞不绝口，惊叹不已，他们说，中国两千多年前就有这样高水平的水利建筑，不愧为文明古国。灵渠是世界古代水利建筑的明珠，陡门是“世界船闸之父”。

灵渠的陡门与我国古代常用的叠梁闸门不同，其特色十分鲜明。它用的是一套塞陡工具，包括有面杠、底杠、小陡杠，统称杠，还有马脚、

水并、陡篁各一二十件。关陡时，先把小陡杠下端插入陡门石墩台下的石孔内，上端倾斜地嵌入陡门右台上的槽口内；接着把面杠的一端搁在陡门左墩台的石嘴上，另一端横架在小陡杠的下端；再把底杠的一端架在陡门左墩台下的石孔中，另一端交叉地架在小陡杠的上端，并放在右墩台凹槽口内，使三杠成“≠”形布置；然后把由三条木棒连成的马脚搁架在杠上，并把宽约 0.5 米、长约 1.7 米用竹片编成的水并横架在马脚上，最后再把宽 1 米、长 2 米的陡篁铺贴在水并上，这就关上了陡门。河水渐渐蓄积起来，水位增高。过船时，用力向外把小陡杠上端敲出槽口，使其失去支撑，面杠、底杠失去依托，在陡篁上水压力的冲压下，一并崩向下游。陡门开了，船便趁水顺流或逆流前进。

20 世纪 70 年代的枯牛陡

北陡

陡门是灵渠上最重要的航行设施。如果我们今天试图还原当时如何借助陡门行船，大概情形如下：

1. 船舶上航运行。在陡门间距离较近时，当船舶抵第一陡门下入陡后，即塞第一陡门；待蓄水高度达第二陡门，水深已够航行时，则船舶可进入第二陡；再将第二陡门塞闭蓄水，船舶就可以进入第三陡，照此

人字坝

北渠：湘漓镇花桥村打渔村旁的湾陡

循序逐级上航。

2. 船舶下航运行。当陡门距离较远时，船舶抵达第一陡门的上方，将第一陡门堵塞，待蓄水达到要求，即捅开陡门，船舶乘积水下航，照此循序逐级下驶。

3. 船舶借助风力运行。当南、北渠来船借助风力逆流上航，抵达分

严关镇仙桥村牯牛陡

兴安镇三桂村枧田旁的晒谷陡

水塘铧嘴前方时，必须卸帆转为下航船。

4.船舶结帮航行。枯水期过陡不但要等蓄水，而且要数船结帮航行，互相帮助塞陡，才能事半功倍。若在其他处所搁浅，还可互相拉纤，或下水互相扛抬而过。

灵渠上增设了陡门，解决了枯水季节航行的困难，灵渠方能“浮舟

20 世纪 70 年代的门限陡

南渠车上陡

过岭”，从此迎来了又一次新生，航运持续运转一千多年，直至今日。

灵渠经唐代李渤、鱼孟威修缮之后，恢复了通航，因新设了铧嘴、人字坝和陡门 18 座，行船更加方便。宋代更加注重陡门的功能，增设至 36 座，这是灵渠历史上陡门最多的时代。南宋诗人范成大在《桂海虞衡志》中有对陡门的精确描述：“渠绕兴安县，深不数尺，广丈余。

20 世纪 70 年代的南陡

星陡

六十里间置斗门三十六，土人但谓之斗。舟入一斗，则复闸斗，俟水积渐进，故能循崖而上，建瓴而下，千斛之舟，亦可往来。治水巧妙，无如灵渠者。”

这里要说明的是，“千斛之舟，亦可往来”是文学语言。古代计量每升为现在的 1.25 千克，每斗为 12.5 千克，每斛（石）为 125 千克，

1 林山陡将军柱
2 门限陡将军柱
3 祖湾陡将军柱
4 青石陡上的凹槽口

“千斛之舟”则为载重百吨以上。而据灵渠航运资料载，货船最大载重量为 11 吨。据唐代鱼孟威《桂州重修灵渠记》记载，灵渠使用的是“百斛之舟”；清代毕沅《续资治通鉴》则记灵渠“皆石底浅狭，一舟所载不过百斛，乘涨水则可行”。据民国二十七年（1938 年）扬子江水利委员会调查得知，当时灵渠过航船只最小的船长 14 米，宽 1.8 米，载重吃水深 0.39 米，满载吨位 2.5 吨；最大的船长达 22 米，宽 2.8 米，满载吨位达 17.5 吨。

陡河贯穿南北交通，但又如此难行，让人又爱又恨，唐人胡曾在咏史诗中，即将之比作“天河”之幸，又喻为“天道”之难。但在“浅”“狭”“曲”“急”等不利的自然条件下，古人仍能发挥聪明才智，用巧妙的规划和越来越成熟的工程技术，保证了这一湾渠水两千多年的通航，更显出灵渠不可思议的伟大之处。

陡门由唐始创时为 18 陡，后逐渐增至宋代的 36 陡，并成为灵渠上最重要且最具科学性和代表性的设施。因此，灵渠在明清两代又叫“陡河”。

漓江上游的竹排：毛竹出山

漓江上游的竹排在溶江镇灵渠一甲村水域集结

灵渠定名

灵渠历史上一个重要的节点发生在唐代——从鱼孟威修缮灵渠后写下《桂州重修灵渠记》这篇碑文之始，“灵渠”这个举世闻名的名字，第一次出现在了史书文献之中。

《桂州重修灵渠记》一文，首次为灵渠命名，并详细记载了李渤和鱼孟威主持的两次灵渠大修情况。

鱼孟威在碑文中记载了李渤维修灵渠的原因和经过。灵渠年久失修，舟船过往十分困难，官方强征民夫拉船，致使田园荒芜，民不聊生，百姓纷纷冒险外逃避难。

在这关键时刻，桂州刺史兼御史中丞、桂管都防御观察使李渤来到兴安，他“备知宿弊，重为疏引，仍增旧迹，以利行舟”。文章以精练而又精彩的几句话，概括了李渤修渠的经过：“遂铧其堤以扼旁流，陡其门以级直注，且使派沿，不复稽涩。李公真谓亲规养民也。”这里介绍了李渤增修铧嘴和陡门的简况，对李渤的功绩给予了赞扬。

鱼孟威也在碑文中记述了他修渠的缘由和简况：“父慈于子，孰有

四贤祠中的鱼孟威塑像

子病而为家贫不求医救子乎？是知长吏所当子民也。今民涂炭若是，又何缘帑藏且殚而无暇救之。因须约公费、积刀布、召丁壮，导壅塞以平民病也。”由此可清楚看出，他修渠的缘由、宗旨是以民为本、爱民如子，是为了平民病、解民忧，体现了鱼孟威的民本情怀和高尚情操。

至于如何修渠，鱼孟威说他认真总结了李渤修渠的经验教训，在用材选料、工程技术、施工质量等方面颇费心力而终有所突破。他写道：“自九年兴工，至十年告毕。其铧堤悉用巨石堆积，延至四十里，切禁

四贤祠中的“湘漓分派”碑

其杂束蓧也。其陡门悉用坚木排竖至十八重，切禁其间散材也。浚决碛砾，控引汪洋，防厄既定，渠遂沟通。虽百斛大舸，一夫可涉。”就是说，鱼孟威在维修工程中，一改前人“杂束蓧为堰，间散木为门”的做法，用上等石材加固铧堤并使之延长至 20 千米，用优等木料夯实陡门并将其增扩至十八重，从而使工程质量达到了前所未有的高度。

鱼孟威的《桂州重修灵渠记》是历史上第一篇完整记载灵渠修缮工程的散文，也是研究灵渠文化的一篇极有价值的重要文献。鱼孟威也得

漓江上游的竹排：毛竹出山

（左）四贤祠
（右）四贤祠碑记

以位列四贤祠，与他的前任李渤，以及秦代的史禄、汉代的马援两位先贤一起，作为灵渠的四大功臣而被千古传颂。

唐朝末年，朝政昏聩，民不聊生，农民起义此起彼伏。唐僖宗乾符六年（879 年），距鱼孟威修灵渠仅仅十年，黄巢领导的农民起义军从广州溯漓江而上，进兵中原，到达灵渠与大溶江交汇的灵河口，见沿岸山水秀美，船运方便，经济繁荣，盛赞李渤和鱼孟威修缮灵渠功不可没。他在溶江黄茅坝、大园村一带筑城，用作进攻唐朝的大本营，也就是现存的“黄城”。黄巢命人从华江附近的山中砍回大量毛竹，编造大筏，然后，数十万大军乘船登筏，由湘江顺流进入湖南洞庭湖，北上长安，几乎终结了唐朝的统治。

灵渠边的四贤祠码头

《全义县复北门记》石刻

唐代的灵渠，经李渤、鱼孟威整治之后，行船更加便捷，不仅商贸更盛，也成为一条官员、旅客进出中原与岭南的重要通道。虽然这时的岭南，政治、经济、文化仍严重落后于中原，以至成了唐代对贬谪官员的流放之地。但是，这些贬谪官员、文人的到来，竟意想不到地给岭南带来了新文化、新思潮的传播和冲击。

唐代文人遭遇贬谪的现象十分普遍。据学者考证，有唐一代，贬往岭西的贬官共 103 人次，其中桂管辖区为 73 人次，占 70% 以上，成为岭西的贬官集中地。而邕容两管只占不到 30%。灵渠所在的桂州正是唐代岭西贬官最集中的地方。

修灵渠有大功的李渤其实就是贬官。李渤原任给事中。唐敬宗宝历元年（825 年），鄠县县令崔发拘捕了当街殴打民众的宦官，反被宦官拘禁毒打，李渤上书为崔发辩护，得罪了宦官，遂被贬广西。

遭贬谪的官员来到穷荒僻远的贬所，除了自然环境的恶劣和生活条件的贫乏而导致生活的格外艰难，更难承受的是心灵的孤独。他们初到

北门附近的老街北街里（1982年7月）

岭南，因风俗迥异、语言不通，常会与当地人产生疏离和隔阂，而这种疏离和隔阂又会日益加深他们的孤独感。柳宗元所谓“异服殊音不可亲”，就典型地表现了这种心态。

作为受贬谪者，他们所遭受的歧视、误解、冷落和压迫，以及孤独之外深重的屈辱感，都会产生深重的精神伤害。他们原本有着强烈的进取精神和社会责任感，迫切希望在政治上有所作为，而随着谪居时间的

灵渠晚霞

延长，只能眼睁睁地看着有限的生命时光在穷乡僻壤中白白流逝，被社会抛弃以及生命被拘囚以至于渐趋荒废的怨愤便会不断强化。

或是打发漫长的贬谪时光，或是自我救赎、重建精神世界，很多贬谪文人便将仕途的不幸转化为文学精神的升华，把文学创作看成是他们生命的另一种存在形式，积极投入写作中。

唐代遭贬谪到岭南的官员和文人，除了对灵渠有再造之功的李渤，

暮色中的湘江之源海洋河

还有柳宗元、宋之问、张九龄、王昌龄、刘禹锡等人。他们有的是被贬到广西为官，有的是贬谪途中乘船途经灵渠，但无一例外的，都在灵渠留下了大量的诗词文章，形成了独特的“贬官文化”。

唐宣宗大中元年（847 年），桂管观察使郑亚邀请陷入牛李党争的李商隐往赴桂林任职，途经兴安，李商隐乘船过灵渠，经伏波庙（现在的四贤祠）时登岸祭拜，并写下《为中丞荥阳公祭全义县伏波庙文》。这篇被近代学者刘师培评为“祭文之正宗” 的祭文中，李商隐一方面敬仰马援的名留青史：“铜留铸柱，革誓裹尸。男儿已立边功，壮士犹羞病死。”另一方面也借马援叹惜自己生不逢时，怀才不遇：“德阳殿下，宁相马以推工。怅望关西，超驰陇右。”并希望朝廷能像重用马援一样重用自己：“敢忘黍稷之馨，用报京坻之赐。属以时非行县，不获躬诣灵坛。”不过，李商隐在桂林为官不到一年，随着郑亚的失势而免职回乡，终老家乡。

唐代是个诗人辈出的时代，许多诗人本身又是优秀的政治家。现存灵渠诗赋最早的唐诗为盛唐诗人、开元名相张九龄的《自湘水南行》：

落日催行舫，逶迤洲渚间。

虽云有物役，乘此更休闲。

暝色生前浦，清晖发近山。

中流澹容与，唯爱鸟飞还。

张九龄 (678—740 年)，岭南人士，官位与诗作成就均为岭南名士代表，被誉为“岭南第一人”。唐开元十八年（730 年），张九龄被宰相李林甫排挤，出任桂州（今桂林）都督兼岭南道按察选补使，在桂林半年多。此诗是诗人由湘水南下过兴安时所记，收入清道光版《兴安县志》中。此诗表现出诗人对岭南风光的喜爱、恬淡的心境，虽然没有具体提到灵渠，但可以说是灵渠诗赋萌生期的开山作品。

唐代诗人直接咏诵灵渠的，还有晚唐诗人胡曾的《灵渠》：

凿开山岭引湘波，上去昭回不较多。

无限鹊临桥畔立，适来天道过天河。

胡曾仕途不顺，却以别具一格的咏史诗，享誉唐代文坛，其诗“追述兴亡，意存劝戒”（《钦定四库全书总目》）。他是邵州邵阳（今湖南邵阳市）人，家乡离灵渠不过三百里之遥，很可能是慕灵渠之名而游，留下将灵渠比作“天道”“天河”的佳句。其咏史诗的代表作，有《汴水》：“千里长河一旦开，亡隋波浪九天来。锦帆未落干戈起，惆怅龙舟更不回。”他认为大运河的开凿是隋朝灭亡的主要原因。相较之下，其《灵渠》一诗，对历史上与隋同为短命王朝的秦朝开凿的灵渠大加赞美，比作“昭回”（星光流转），以及“天道”“天河”，可见在诗人心目中灵渠的崇高地位及其对灵渠所蕴含的人心向背与历史经验的重视。

位于北门里娘娘桥头的《全义县复北门记》石刻

在唐代被的贬官员中，对灵渠影响最大的是柳宗元。柳宗元被贬官永州时，就写下了著名的《永州八记》。其时，他的表弟卢遵在全义县（今兴安县）任县令，柳宗元在卢遵的邀请下来到全义县。然而柳宗元看到，全义县的北门竟紧紧关闭，城内的百姓、城外的旅客商贾，进出都要绕行其他城门。柳宗元惊诧之下，细问卢遵，才得知历任县令都听信巫言，说开北门风水不好，不利县令。柳宗元于是直言卢遵，驳斥巫言，力主重开北门。卢遵亦表赞同，拆除栅禁，大开北门，一时百姓雀跃皆喜，赞颂有加。柳宗元见此情景，感慨中写下《全义县复北门记》。这篇文章是两千年来灵渠文化的精粹之作，以人为本，以开放的新思想为利剑，将传统和愚昧的旧思想驳斥得体无完肤。文中的名句“贤者之兴，而愚者之废。废而复之为是，循而习之为非”“贤者之作，思利乎人。反是，罪也”“由道废邪，用贤弃愚，推以革物，宜民之苏”等句，千古传唱。

2008 年，兴安县人民政府请清华大学教授、篆刻家胡擎元先生将《全义县复北门记》全文篆刻石碑，立于灵渠之畔，以作永记，为今日灵渠水街增添了一道风景。

宋元

自唐末五代时期开始，北方政治形势多动荡不安，南方则相对稳定，社会经济持续发展，并吸纳了大量南下的劳动力，政治中心乃至经济重心开始南移。在这样的时代背景下，宋元时期的岭南得到广泛开发和发展，历代中央政府逐渐重视发挥灵渠的灌溉作用，并将灵渠视为国家工程。

《天工开物》筒车图

据《广西通志》记载，北宋皇祐初年（公元104[illegible]）李忠辅修渠，“尽复其故迹”，取得了“溉田甚多”的成果。《[illegible]·李浩传》说：“旧有灵渠，通漕运及灌溉，岁久不治，命疏而[illegible]，民赖其利。”南宋时的静江知府李浩既注意“通漕”，又注意[illegible]溉”，因而使灵渠沿岸百姓受益。

在宋代，桂北一带农业生产有了明显[illegible]展。南宋周去非盛赞静江“民颇力于田，其耕也，先施人工踏[illegible]以牛平之”。农耕技术的改进与农业生产的发展，要求灌溉[illegible]合。宋代重视灵渠的灌溉作用，是当时桂北一带农业的迫切需[illegible]反过来，灌溉面积的扩大又促进了当地农业生产的发展。

灵渠上的灌溉方法[illegible]下几种：1.修筑堰坝提高水位引水入田；2.凿水涵引水；3.利用[illegible]车人工汲水；4.修造[illegible]水。

据资料载，[illegible]上常年使用的筒[illegible]达300多架，至20世纪50年代仍有6[illegible]架。[illegible]对此，宋代诗人、曾任静江府知

严关江西坪陡、堰合一的
鸾塘堰

1 灵渠溶江通济河道一带的水车
2 黄柏江上的竹筒水车
3 黄柏江上的木排和竹筒水车
4 六垌河上的竹筒水车
5 龙骨水车
6 一排 5 架的竹筒水车
7 1975 年 8 月，用龙骨水车抗旱的村民
8 黄柏江上的竹筒水车

严关同志村赵家堰

水涵

水涵

府的张孝祥有诗云：

前日出城，苗犹立槁。今日过兴安境上，田水灌输，郁然弥望，有秋可必，乃知贤者之政，神速如此。辄寄呈交代仲钦秘阁：

筒车无停轮，木枧着高格。粳稌接新润，草木丐余泽。府公为霖手，号令行顷刻。愿持一勺水，敬往寿南伯。（木枧指筒车上引水的竹、木管子。）

元代享国不足百年，但也留下一次修渠的记录。至正十二年（1352 年），“北渠陡门复坏”；至正十三年（1353 年）夏，洪水暴涨，导致“堤者圮，陡者溃，渠以大涸，壅漕绝溉”，渠水干涸，航道堵塞，农田灌溉受阻。至正十四年（1354 年）九月，岭南广西道肃政廉访副使也儿吉尼倡导官员捐献俸禄，集资修复灵渠，并亲自主持修复工作。在此之前，修治灵渠的记载中极少明确提到北渠陡门的崩坏。元人黄裳说，经过这次维修，“漕溉之利，咸复其旧矣”。由此可见，元代灵渠仍颇得航运及灌溉之利。

帝王潜邸静江府

976年，宋朝开国皇帝赵匡胤驾崩，其弟赵光义继位。因全义县的“义”字犯了皇帝的名讳，朝廷于太平兴国二年（977年）下令将全义县改名为兴安县，取“兴旺安宁”之意，属广南路桂州管辖。从此之后，兴安之名一直沿用到今天。

南宋时代的静江府很受朝廷的重视，很大原因是宋高宗赵构登基之前，尝领静江奉宁军节度使。据《宋代官制辞典》，节度使为武臣正任官最高阶，宋初削诸藩镇兵权，节度使仅作武臣迁转之用，不必赴任，无职事。所以赵构是遥领此职事，未到桂州实地任职。但赵构仍然对桂州充满感情，把桂州当作自己的潜邸。《宋史》载：“绍兴三年，（桂州）以高宗潜邸，升府。”在赵构当政期间，静江府在政治、经济、城市建设诸方面得到很大发展。

1253年蒙古军队进攻云南，广西成为南宋的西南前线。曾任广西经略使的赵汝愚、李曾伯、朱祀孙、胡颖，任内大力修筑静江府城池。静江府城池依山靠水，易守难攻。城西北因广连陆地，城北又是无水的

桂林东镇门宋城墙遗址

桂林灵剑溪畔的“大都督静江府”石刻

干壕，山就成了天然的屏障，所以北城的城墙有的已建在了山间或山顶，构成了山上城和平地城的结合形式，城内的山作为制高点，可以纵观城内外。宝积山上还修建了烽火台，可以加强防御。东城和南城因为有了漓江和阳江（今桃花江），水流湍急，水深难攻，而且江水之上只有浮桥、吊桥、拖板桥这样的临时性桥梁，如遇敌军进犯，它们可架、可拆，可攻、可守。静江府城池因为拥有这样的地利，城防设置合理、兵力部署得当，因此在南宋末年，驻守桂林的官兵得以多次击退蒙古军队，使这座山水间的孤城在抗元斗争中坚守了二十年之久。

桂林山水甲天下

唐宋以来，桂州（静江府）的繁荣发展，在一定程度上带动了灵渠航运的繁荣。更多的文人通过这条联通漓江的水道认识和发现了漓江秀美的山水，然后又通过灵渠这条联通长江的水道让“桂林山水甲天下”的美名传遍中原。

最早描述桂林山水风貌的诗，出自南朝宋时的山水诗人颜延之。颜延之在桂林出任始安郡太守时，在独秀峰开辟读书岩，并写诗描述了独秀峰的景象：“未若独秀者，峨峨郛邑间。”虽然留下的只是残句，但也正是从这时候起，桂林山水第一次在诗人的笔下被形容了出来。在颜延之的时代，中国山水诗的创作已经成了规模，颜延之又是写山水诗的行家，所以从这一点上说，桂林山水诗的创作是一开始就处于比较成熟的水平，进而呈现在读者的面前。

位居“唐宋八大家”之首的韩愈，以“江作青罗带，山如碧玉篸”的诗句，概括了桂林山水的特点。而桂林独秀峰山下读书岩洞口的石壁上，刻有南宋官员王正功所书千古名句“桂林山水甲天下，玉碧罗青意

漓江的青山秀水

1
2 3 4

1 见证唐宋以来桂林文化胜景的“桂海碑林”
2 桂林石刻中最具价值的《元祐党籍碑》
3 独秀峰下的读书岩
4 航拍铧嘴雄姿

独秀峰

可参”，可谓桂林山水最好的一句广告词。还有北宋诗人黄庭坚的“桂岭环城如雁荡，平地苍玉忽嶒峨。李成不生郭熙死，奈此百嶂千峰何。”他认为，即使有李成、郭熙这样出名的画家，也画不出桂林山水的绮丽。也许是受了黄诗的刺激，不满于这位山谷道人、江西诗派宗主的“盖棺论定”，后世的画家们纷纷将桂林山水入画，搜尽这喀斯特地貌的每一个独特之处，产生了大量的作品。如近代山水画大师黄宾虹，以“遍写桂林山水”为生平得意之事。

同时，来往于灵渠上的宋代文人，也都对灵渠赞叹不已。南宋诗人范成大除了在《桂海虞衡志》中盛赞灵渠陡门之妙外，还留下了一首《铧嘴》，写出了铧嘴中流砥柱的雄姿：

“江作青罗带，山如碧玉簪”

导江自海阳，至县乃弥迤。
狂澜既奔倾，中流遇铧嘴。
分为两道开，南漓北湘水。
至今舟楫利，楚粤径万里。
人谋夺天造，史禄所经始。
无谓秦无人，虎鼠用否耳。
紫藤缠老苍，白石流清泚。
是闸可作社，牲酒百世祀。
修废者谁欤？配以临川李。

乳洞岩入口

名扬海外的乳洞岩

唐宋时期，来往桂林的众多官宦名人、文人雅士，在山水胜境中游赏之余，还在青山绿崖间到处勒石题词，为后人留下了珍贵的文化遗产。桂林的摩崖石刻及摩崖造像数量达2000件之多，是全国保存唐宋以来摩崖石刻最多的地方。除了游览如今位于桂林市内的名山胜景，雅兴飞逸的游客还会乘舟畅游灵渠，兴安城南的“乳洞岩”，也成了他们的纪游述怀之地。

乳洞岩在兴安县城南6千米的灵渠南岸，坐落在风光秀丽的蟠龙山下，岩前的玉溪泉水迂曲蜿蜒地流进灵渠。这里山清水秀洞奇，是有名的游览胜地。唐宋以来，乳洞岩就成了文人名士的聚会吟唱之所，素有“胜绝南州”“湘南第一洞”之称。

据兴安本地灵渠历史文化专家陈兴华先生的研究，10年前，一位对岭南石刻颇有研究的日本学者户崎哲彦曾对乳洞岩进行过详细的调查。户崎哲彦曾在专著《唐代岭南文学与石刻考》中《广西兴安县乳洞岩石刻的特点及其分类》一文里，列出乳洞岩内唐代的题刻有6处，其

乳洞岩内唐代石刻

南宋张孝祥所题“上清三洞”

149 中洞中南宋范成大等人的题名石刻

乳洞岩中最大的一方石刻，为南宋桂林地方官方信孺所题，歌咏乳洞风光，中有“洞中江水古今流，洞底乾坤日夜浮”之句

中包括了岭南节度使卢贞、越州刺史元晦的题记，桂管观察使韦瓘的《游乳洞诗》，等等。户崎哲彦认为“兴安乳洞岩多有唐代摩崖石刻，从数量上可以说是当之无愧的全国第一”。在此之后，又发现一处唐代石刻，于是发现的唐代石刻数量至今已达 7 处之多。

在乳洞岩千年来的访客中，名气最大、官衔最高的，莫过于宋朝曾任尚书左丞的李邦彦。

李邦彦到此游览后，写下了著名的《三洞记》，并颇有兴致地为三洞命名：下洞钟乳石千姿百态，洞石壁喷出一泉，泉水穿洞而出，清洌甘甜，四季不干涸，落地如雷，故名“喷雷”；中洞洞门较小，但洞内很宽广，山下湿气常凝聚洞口，似霏烟缥缈，游人恍如置身童话世界，因而名“驻云”；上洞钟乳奇秀，千奇百怪，闪闪发光，瑰丽多姿，每块乳石均似披上了彩色纱巾，因而此洞名为“飞霞”。

有了李丞相的鼎力题词，在南宋之时，无论大小官员，只要路过兴安，乳洞岩都成了他们必行的一站。静江府知府、著名词人张孝祥，南宋名臣范成大、刘克庄，转运判官、“桂林石刻第一人”方信孺，广西经略安抚使兼转运使李曾伯，静江府知府谢逵等，不仅在这留下了足迹，还赋诗写记，镌刻在岩壁之上，为兴安留下了珍贵的人文历史遗迹。

乳洞岩中的喀斯特石梯田景观

接龙桥畔春耕忙

宋代时灵渠上又出现了一座石桥，叫接龙桥。宋时兴安已盛行端午节划龙船的习俗，每到这时，各参赛龙船都把龙船上的龙头置于一座桥上举行祭祀仪式，仪式完毕后再接回龙船上安装，故此桥叫“接龙桥”。

接龙桥今日雄姿

灵渠龙舟：分水塘龙舟赛

龙舟祭

接龙桥位于县城北门下水关的出口处灵渠上，最早建于宋太平兴国八年（983 年），清乾隆元年（1736 年）重建，是虹式单拱石桥。县城的北门外，是一片肥沃的田地。每年立春前一天，兴安县衙就派衙役到接龙桥上举行春耕仪式，衙役擂鼓鸣锣，吹吹打打，抬着县官和纸扎的春牛、犁，由衙门至接龙桥上，沿路的民众，家家鸣放鞭炮，并将米、黄豆抛向春牛，祈求新的一年五谷丰登。春牛抬到接龙桥后，要焚香祭奠皇天后土，仪礼三伏三拜，县官领头，众乡绅跟随在后依礼参拜，而后念祭奠天地神祈祷告词，念后县官亲自扶犁，跟随春牛之后，演习用牛犁田，以示开始春耕。

接龙桥上的这个仪式，后来成为兴安的八景之一“北郭耕云”。故清末兴安举人彭榕有《北郭耕云》诗云：“时雨时晴布谷鸣，春来郭外带云耕。省耕亭上凭栏望，一幅豳风谁画成。”

接龙桥旧影

灵渠岸边的世家大族

靖康之变后，宋室南迁，建立南宋政权，也形成了一次中原人口南迁的高潮。一大批豪门贵族及官宦文人在迁入岭南避祸的同时，也给灵渠及其周边土地带来一次难得的机遇，形成了一次仕官和科举文化的高峰，形成了一些世家大族。其中的代表是蒋氏家族。

蒋允济（1104—1167 年），字德施，兴安高尚乡（今高尚镇）江东村人。其父蒋熙是个读书人，一生穷困潦倒。生允升、允中和允济三子，亲自教读。三人勤学苦读。宋绍兴二年（1132 年），允升和允济兄弟二人同时考取进士，成为一时美谈。

允济登第后，曾任柳州柳城尉，普宁（今容县）、湖南新化、广西富川等县县令，代理昭州（今平乐）知州，新州（广东新兴）教授，宾州（今宾阳）通判，浔州（今桂平）知府等职。每到之处，都注重打击豪强，严办不法之徒，并尽力减轻百姓负担。史书称他“恩信于人，政不苛迫”。乾道元年（1165 年），被升任为邕州知州兼任邕管安抚使。当时的邕州（治今南宁）是桂西南的政治、经济、军事中心，西南少数

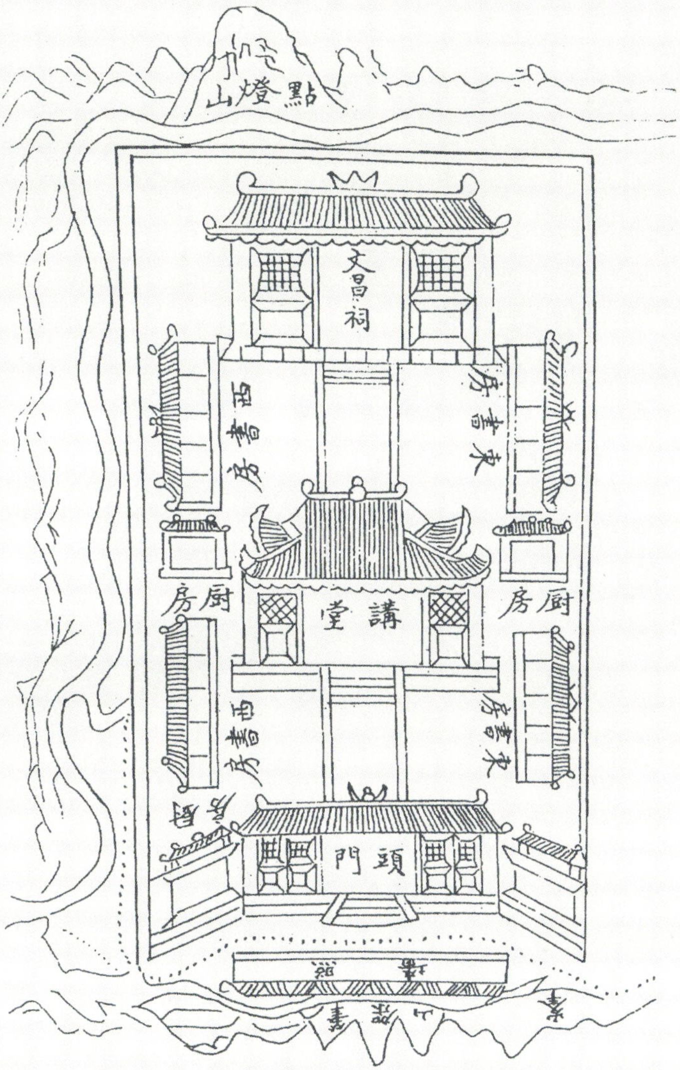

《兴安县志》记载的漓江书院平面图

高尚风光

高尚大宜洞村海洋河上的清代跳石桥（1978 年）

民族的马匹、土特产都在邕州出卖，并买回日用生活品。当地官吏将领利用职权进行不平等的交易，并欺压和剥削少数民族。蒋允济到任后，将有碍贸易、歧视少数民族的弊政一概革除，主张公平交易。从此市场的马匹大增，交易兴隆，民族矛盾大为减少，边境安宁。

乾道三年（1167 年），蒋允济死于邕州。民众停止一切活动，为他哭吊。翌年归葬于兴安县高尚镇路西村，由南宋著名诗人、状元、原任静江府知府张孝祥作墓志铭，其墓今存。

高尚大宜洞大桥与跳石

蒋允济的族人蒋瓒，也创造了兴安历史上的一个传奇。

蒋瓒，生于南宋高宗建炎三年（1129 年），死于南宋淳熙八年（1181 年），其墓现在界首城东村委狮子塘村西四百米外的山坡上，该山宋时名灵潭山，现称渠口山。五代时蒋瓒的祖先由山东青州躲避战乱而迁来兴安高尚江东村。蒋瓒随蒋氏一支迁界首石门凤鸣岗后，也中了进士，官至御史大夫。蒋瓒告老回乡后在家乡开办“橘林书院”，除了教授自己的三个儿子，还招收家族优秀子弟入学。其长子蒋来叟于淳熙八年

蒋瓒墓

（1181 年）中进士后官至琼管安抚使；二子蒋来复、三子蒋来凤皆中进士。其孙辈蒋梦炎等共 10 人俱进士及第，这样一门出了 10 余名进士的显赫家族，在兴安历史上首推第一。

蒋瓒所办的橘林书院，是兴安历史上记载最早的书院。而坐落在古灵渠畔的漓江书院，则创办于宋景德二年（1005 年），至今千年有余，为广西历史最悠久的著名学府，与桂林的南溪书院、柳州的同仁书院、梧州的岭表书院合称“粤西四大书院”。漓江书院培养了宋代参知政事（副宰相）唐介、唐则等 120 余位进士和 20 多位举人，为岭南文明发展作出了很大贡献。由于漓江书院在古代南北交通大动脉灵渠边，因此，它不仅是古代兴安的教学课堂，更是南来北往的文人雅士谈经论道、题诗作赋的重要场所。宋代理学家周敦颐，诗人范成大、张孝祥等均曾在书院讲学或题词。

黄龙堤

北宋庆历年间（1041—1048年），太常太傅吴及和右谏议大夫梅挚到兴安，见灵渠年久失修，联名奏请宋仁宗拨款修渠，具体命桂林衙前秦晟，县令陶弼负责，重点工程为在兴安县严关镇六口岩村前的灵渠南渠中筑一座拦河滚水坝，以提高灵渠的水位，取名黄龙堤。

黄龙堤是灵渠上最早修建的一条堤坝，堤长47米，用长方形巨石条砌成，顶宽3.5米，是一条斜坡式滚水坝。内堤用长宽约1米的料石平铺，外堤成斜坡形，用长石条竖立砌成鱼鳞状。全堤砌筑形式与大小天平砌法相似，但该堤坝内窄外宽，建筑工程复杂。宋仁宗庆历年间前，未筑黄龙堤，灵渠河道由此直下，渠道浅而水流急，水位落差大，不利行船。因而筑堤把河拦腰堵住，使河水在新开的渠道中转一个大弯后，再汇入原渠道。新渠道长80余米，为原8米河道的10倍多，减缓了坡度，平稳了水流，航行条件得到改善。黄龙堤将水流导入新开的弯曲的航道中，有青石陡、小陡和大陡三座陡门在弯道中蓄水济运。高水位时，超过堤顶的余水则溢出堤坝沿故道下泄，保护下游航道和陡门。此次修浚

黄龙堤碑

六口岩村的灵渠南渠段

黄龙堤旁六口岩古村传统民居保护状况良好

灵渠，除黄龙堤和堤内几处陡门外，还维修了黄泥陡、沙泥陡、晒谷陡、灵山陡、星桥陡、筒车陡等 6 处陡门。

宋仁宗嘉祐三年（1058 年），提点广西刑狱兼领河渠事李师中视察灵渠，见灵渠“寖以湮废，公私患之”，便迅速组织重修灵渠。他采用“燎石以攻，既导既辟”的方法，去除渠道礁石，并加以疏浚，将陡

六口岩村旁的黄龙堤

六口岩村旁的黄龙堤

门增至36个，完成了灵渠历史上的第8次大修，使得“舟楫以通”，恢复和促进了岭南经济的繁荣和发展。

所谓“燎石以攻”，就是在没有炸药的情况下，采用先烧热石头再浇泼冷水的方法，使之断裂进而清除渠道顽石，在实践中取得神奇效果，工程进展十分顺利。此次维修工程历时34天，共动用民工1400人。

李师中修完灵渠，他留七绝《兴安灵渠》一首，以表其志：

粤岭限南天设险，秦通舟楫凿嵯峨。

若将毫发驱山石，移就斯渠利更多。

灵渠畔的宋元之战

南宋末年，元兵南下攻至兴安，灵渠之畔又成战场。

宋恭宗德祐二年(1276年),元军将领阿里海牙率军南下,直趋广西。文天祥宣告抗元。当时马暨奉命坚守静江，他令部将及诸屯兵（少数民族武装）防守静江府，自将三千兵马开往兴安严关迎敌。敌军久攻不下严关，转而分兵平乐、临桂，南北夹击，马暨只能放弃严关，退守桂林。由于他赤心报国，骁勇善战，深受将士们的拥护和爱戴，大家齐心协力，同仇敌忾，挫败了元兵一次又一次猛烈攻击，坚守城池三个多月，大小战斗百余次，元军久攻不克。

此时，南宋都城临安府（今浙江杭州市）已被元军攻占，宋恭帝也已降元。因此，阿里海牙又生一计，派人到临安，要求宋恭帝亲写诏令劝马暨投降。恭帝写好诏书后，派亲信宗勉前往静江府劝降。马暨接到诏书，勃然大怒，当众焚烧了诏书，杀了宗勉，并把宗勉的头颅掷出城外。阿里海牙又送进劝降书，许以高官厚禄，都被马暨严词拒绝。

十一月，元军攻破严关，又败都统马应麟于小溶江。静江城此时成

兴安湘漓镇普头村文氏宗祠

（左）文氏宗祠内文天祥神位
（右）文氏宗祠内景

了孤城，外无援兵，内绝粮草。元军又在大阳、小溶两条江上筑堰断流。将士们无食无水，死伤相继，形势日趋险恶。元军乘机大举攻城，外城、内城相继被攻破。马暨率军巷战，在激战中，他左臂负伤被俘就义。

高举抗元大旗的文天祥于 1278 年兵败被俘，在写下“人生自古谁无死，留取丹心照汗青”的名句的数年后英勇就义。1343 年，文天祥第四世孙文宗沂为避祸，由江西吉安迁来兴安湘漓镇普头村落户。为彰显其祖文天祥，文宗沂在村内建文氏宗祠，祠内立有文天祥神位。祠堂分前中后三厅，三开间，建筑面积 369 平方米。前厅两排架，每边三立柱，中后厅均每边四立柱，前屋檐均有卷棚，抬梁承托均有鳌鱼、莲花等木雕。祠内存清代乾隆、道光、同治年石碑 5 块。清代《兴安县志》载，文宗沂在元初迁居普头村后，在江口海阳河边建纪念先祖文天祥牌坊，并于牌坊边小河上建石拱桥，称牌坊边桥，社山桥为其子文相甫改名，文宗沂死后亦葬于桥边，为世代相伴之意。而文天祥牌坊何时何因拆毁，史料未载，灵渠边的文门牌坊，于 2004 年移于灵渠五门廊。

宋元时因人口大量迁徙岭南，兴安的经济也飞速发展。

文天祥第四世孙文宗沂墓碑

严关窑酱黑釉盏

尺寸：高6.7厘米，口径10.9厘米，足径3.5厘米

时代：宋

来源：1963年兴安县严关窑址

敞口，口边微束，深腹，矮圈足。胎体灰白，坚质。施酱黑釉不及底，釉面有聚釉痕。底心有垫烧痕

广西壮族自治区博物馆藏

严关宋窑遗址出土变釉斗笠茶盏

兴安博物馆藏

严关宋窑

在宋代，依兴安灵渠而建的严关宋代瓷窑，一时名扬岭南，其所产瓷器通过灵渠源源不断运往外地。

宋代是中国传统制瓷工艺发展史上的一个高峰时期。现时已发现的古代瓷窑遗址分布于全国 170 个县。其中有宋代窑址的就有 130 个县，约占总数的 75%。

从宋徽宗大观元年（1107 年）起，一直到宋宁宗嘉定十七年（1224 年）止的百余年间，在今严关镇一带，先后建有数百座瓷窑。即使今天来看，规模如此庞大的窑群仍然令人震撼。

严关宋窑以烧青瓷为主，大量烧制日用品瓷器，如碗、盏、碟、壶、瓶、钵、炉等，兼有月白、黑釉等品种，滑如凝脂，如冰似玉。纹饰方法有印花、划刻、手书等。图案以中原百姓喜闻乐见的“双鱼戏水”“婴戏图”“姊妹花”“富贵平安”“寿山福海”等民间元素为主。

20 世纪 60 年代初，兴安县文化馆干部下乡至严关，于马头山对面发现一些古瓷残片。自治区有关方面派来黄增庆等三位专家，到严关查

严关窑“癸未”款海水双鱼纹陶印花模

尺寸：高 13.7 厘米，面径 15.5 厘米，柄径 9.5 厘米

时代：宋

来源：1964 年广西兴安县严关窑址

陶模呈蘑菇状，印面半球形，柄中空，陶质坚硬，灰白色模。面纹饰阴刻，边缘和中心为弦纹，其间是主纹，为海水地双鱼图案，系瓷碗印花模。柄侧阴刻楷书：“癸未年孟夏终旬置造花头周三四记匠”十六字，“癸未”是年款，“周三四”是窑工的名字

广西壮族自治区博物馆藏

严关窑青黄釉印花莲花纹盘

尺寸：高 3.6 厘米，口径 16 厘米，足径 6 厘米

时代：宋

来源：1963 年广西兴安县严关窑址

敞口，浅弧腹，矮圈足。器内壁饰莲花印纹

广西壮族自治区博物馆藏

勘试掘，挖出古窑一处，其中有完整碗碟，碗底烧有“嘉定”年号，确定为宋窑。

后来，自治区文物考古队在严关附近发掘一座宋窑，窑的形制为龙窑，依山而建，长度约 40 米。在窑址中发现一件保存完整的“海水双鱼纹”制碗印模（此印模现藏于广西壮族自治区博物馆，这是广西发现的最早的完整印模之一，系国家一级文物藏品）。

后经大规模发掘，发现这一带系宋代古瓷窑群，少说也有几十口，分布在约 2 千米的地带范围内。古窑中，有完整的碗碟，有废弃的瓷器和烧制的土坯，还有模具。虽属民窑，其工艺亦颇精巧。有棕色、黄色、绿色、青色各种彩釉，图案多以各种水波纹和双鲤鱼为主，姿态可爱，栩栩如生。地处岭南的严关宋窑达到如此之高的工艺成就，可见当时岭南文化发展水平已相当高。

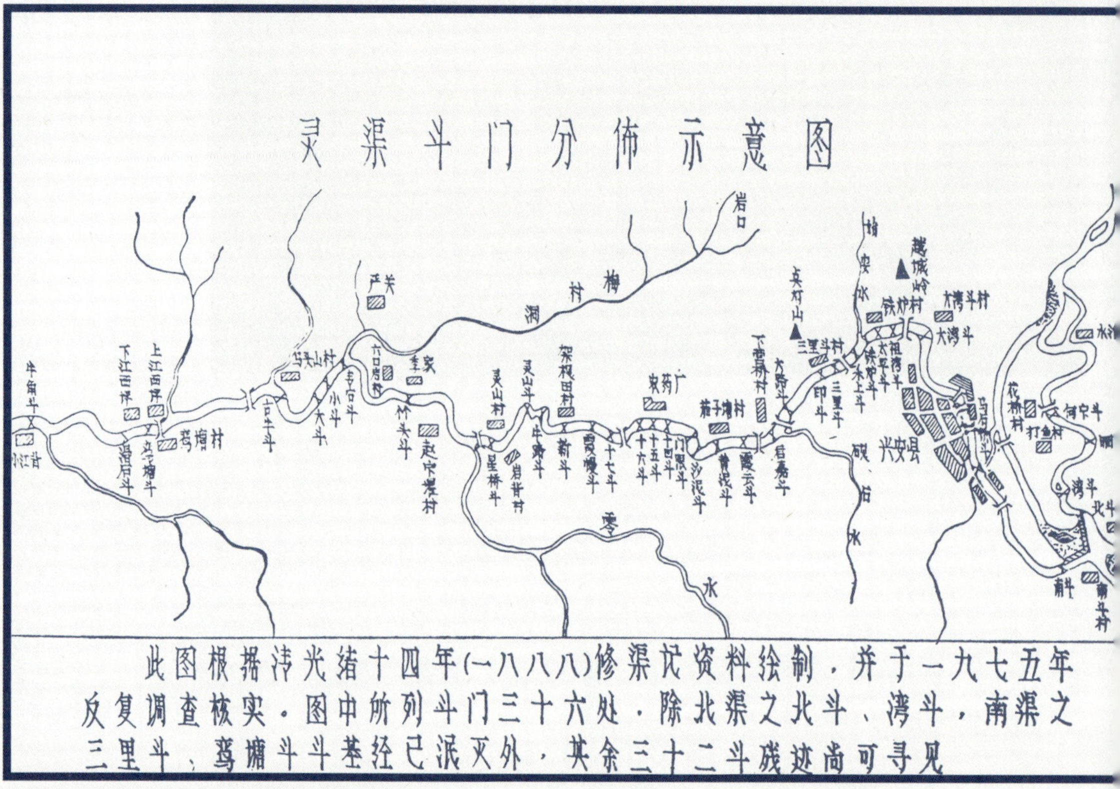

灵渠陡门分布示意图（来源：唐兆民《灵渠文献粹编》）

明清 > > > >

明清时代，两广地区农业经济快速发展，灵渠地位更加重要。不仅航运进入高峰期，灵渠两岸农田灌溉面积也逐渐扩大。为了保证航运通畅，灵渠上修建了许多的堰、坝，又可以兼收灌溉之利，使灵渠两岸的农田旱涝保收，造福当地百姓。因此，历朝政府对灵渠的维修都非常重视。

清代陈元龙《重建灵渠石堤陡门记》载:“陡河虽小，实三楚两广之咽喉，行师馈粮，以及商贾百货之流通，唯此一水是赖。”因水路运输费用大大低于陆路运输费用，“食货贸迁有无，致之于陆倍其值，运之于水廉为售”。在明清两代，灵渠仍是南北交通运输的要道，曾出现一天过往船舶200余艘连樯而下的繁荣景象。清道光《兴安县志》载：“长沙、衡、永数郡，广产谷米，连樯衔尾，浮苍梧直下羊城，俾五方辐辏，食指浩繁之区，源源资其接济，利尤溥也已。”“百斛大舸”“巨舫鳞次”“帆樯相错”这些都是古人描写的灵渠船过陡门时的热闹场面。明清两代可以说是灵渠运行的黄金年代。

『五年大修，三年小修』

在明代，见诸文献的灵渠维修就有6次之多。其中最早的一次在洪武四年（1371年），朱元璋亲自下令修缮灵渠。史载：“修治广西兴安县灵渠三十六陡……岁久，堤岸圮坏，至是始修治之，水可溉田万顷。”（《明太祖实录》卷六〇）明代格外重视农业，于王朝建立之初就对灵渠进行维修，可见当时统治者对灵渠灌溉之利的充分认识。

而灵渠较著名的一次维修工程，发生在明洪武二十九年（1396年），由监察御史严震直主持。这次维修的主要项目是：“筑其堤岸长百余丈。高五尺有奇，上下砌以巨石，中门二涵，以泄余流。次修中江石堤近土岸当潦涨之冲，乃高之以杀水势。增筑龙母祠前土堤五十丈许，浚河渠五千余丈。改筑滑石陡，凡渠石碍舟者，则焚而凿之。”（陈琏《重修灵渠记》）

但在这次维修中，严震直忽视了历代维修灵渠的经验，为了提高渠道进水量，增加了大小天平的高度，所设二个溢洪水门过水量较小，“遇小泛，势无所泄，冲塘决岸，奔趋北渠，而南渠浅涩，行舟不通，田失

四贤祠内明清时期关于灵渠维修的碑刻

四贤祠内明清时期关于灵渠维修的碑刻

灌溉。”（顾祖禹《读史方舆纪要》）但严震直却因维修灵渠有功，之后升为右都御史，不久复任工部尚书。正因为这样，严震直犯下的这个错误一直无人敢指出，一直到8年之后，严震直死后两年，才由继任者将大小天平修复如旧。

此后永乐、成化、万历年间灵渠又多次进行修缮。孔镛的《重修灵渠记》记录了成化二十一年（1485年）的一次灵渠修缮，这次维修前后用了两年多时间，主要用巨石重砌了铧嘴，重措了大小天平与鱼鳞石，并修筑了堤岸及损坏的陡门。“庀材物，集工力……凡有缺坏，葺理无遗，爰得两渠舟舸交通，田畴均溉，复旧为新，较之旧规，相去万万。始于成化二十一年冬，毕于成化二十三年秋。”这次为时近三年的维修工程规模较大，施工方法先进，现代灵渠的面貌也与此次工程有着很大的关系。

在万历年间的修缮中，我们又看到了时人对于灵渠修缮频繁的记录和对灵渠重要性的认识：“……兴安县陡河，原有陡门三十六座，向系五年大修，三年小修。”“舟楫难通，遂致盐运坐守月日，所费不赀。”（《明实录·神宗万历实录》卷一八八）“五年大修，三年小修”概括了灵渠修缮的常态，也由此说明了明代的灵渠已经建立了正常稳定的维修制度，灵渠在国家的政治经济生活中发挥着越来越大的作用，涉及航运、灌溉、盐运等国计民生，因此地位日益重要。

灵渠岸边旧盐埠

灵渠航运上货物种类繁多，其中最关系民生的货物是食盐。南宋的范成大，在乾道九年（1173 年）知静江府时“力请于朝”的奏状中云：“作官卖盐为第一事。”明代岭南大学者黄佐“疏”云：“两广用兵，全仗盐利法之立。”“粤西兵饷，半藉盐运。”足见盐之于民生、政治、军事的地位和作用。

兴安古代盐埠有两处，一是位于大溶江河口处的盐埠村（现仅存其名，不见遗址），二是位于兴安县旧治西南 1.5 千米的灵渠西岸的三里陡村，古称盐埠。因宋代以上，湖广衡州、永州二府尽食淮盐，淮盐路经长江、洞庭湖而南运。而兴安盐埠仅靠广东盐从桂林盐街拨运供应兴、全、灌、资数县，相当于“二级盐站”。时至元末明初，江淮一带红巾军起，淮盐运输中断；又加以广西当局向朝廷力争“军门盐利”，并得到皇上的支持，于是粤东之盐“始达之粤西、湖南矣”。如明洪武二十八年（1395 年），唐铎率兵平定南丹一带农民反抗，朝廷又命监察御史严震直征调军民近万人通修灵渠，其军饷和工程费用皆仰仗盐税，

2002 年 3 月在灵渠岸三里陡村出土古代 105 千克石秤砣

石秤砣

三里陡村旁的三里桥

故朝廷命广东二提举司运盐 85 万引至广西桂林。其中大部分又从桂林运至兴安盐埠，再顺湘江和驿道运往衡阳、长沙。从而长沙、宝庆、衡、永四府及郴、道二州，都可以吃上广东盐了。

兴安盐埠因此成为漓江、湘江运盐的枢纽。三里陡村也因之沿渠建街，店铺成排，船来人往，繁盛一时。直到 20 世纪 30 年代末湘桂铁路、桂黄公路通车之后，灵渠水运才逐渐萧条，兴安盐埠也失去了往日的作用。

今日的三里陡村尚存历经劫难而保存至今的 3 座旧盐铺。老盐铺位于街道的最南端，细瓦山墙，一派明清建筑风格。门口有路直通灵渠码头，码头边上有卸盐过秤的场子，也一律用石板和条石铺砌。由于长期被盐水“咬”蚀的缘故，石板多呈凹缺剥蚀状，像用旧了的搓衣板。场子上还遗留一个专门用于称盐的 100 多千克重的石制大秤砣，今陈列在灵渠公园四贤祠内展厅的入口处。

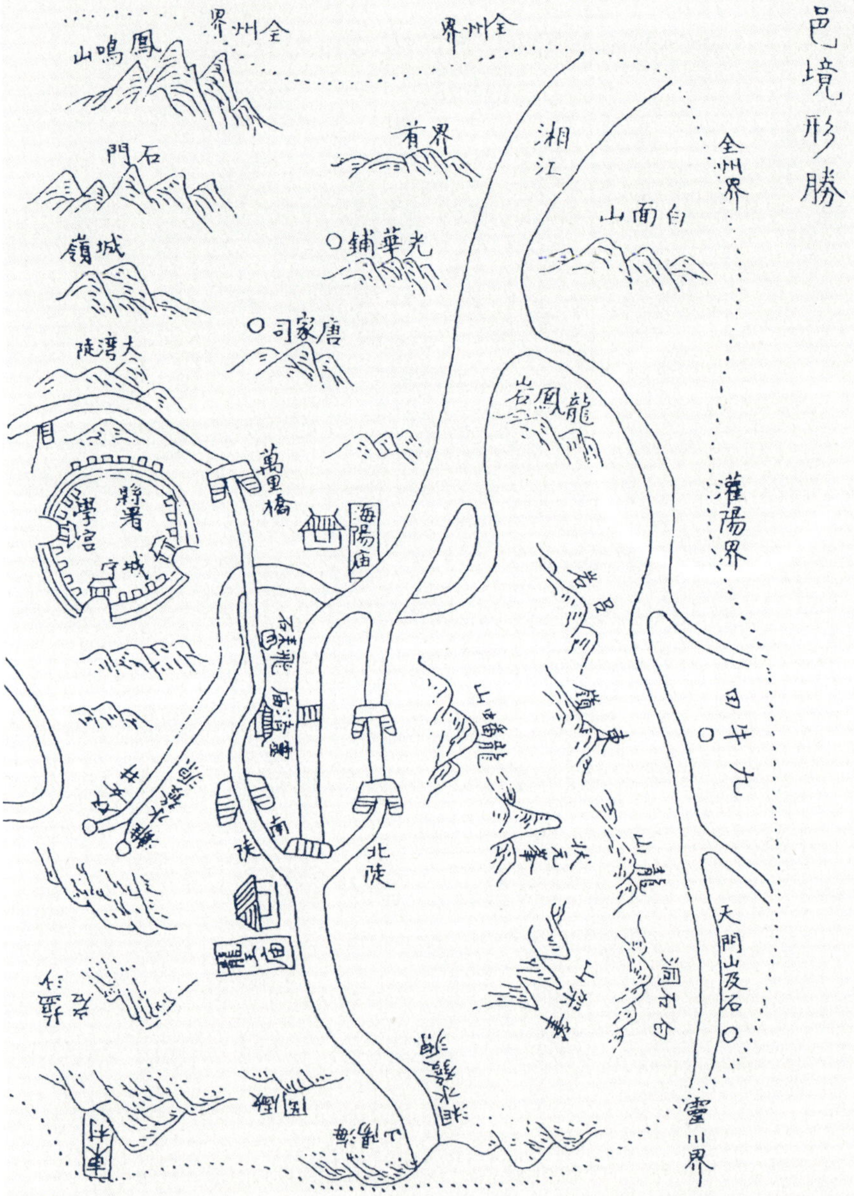

《兴安县志》中的兴安县域图

千里而来的景德镇梅瓶

说到灵渠在明代的航运，沿江千里而来的，除了事关国计民生的盐粮，还不能不提到桂林博物馆珍藏的明代青花梅瓶。

梅瓶，作为一种具有储酒、陈设装饰、陪葬等多重用途的器物，从唐代开始出现时就已受人们的喜爱，元明时期随着青花瓷器烧制技术的成熟而日趋风行。宋代诗人王镃有诗云：“松屋篝灯伴夜阑，闭门不管雪花寒。调朱旋滴梅瓶水，读过唐诗再点看。”其造型各个时期略有不同，但大致不离短颈小口、丰肩圆腹、敛腰窄胫等基本特征。桂林博物馆共藏有各类梅瓶 300 余件，其中 60 余件为陶梅瓶，250 余件为以青花为主的明代瓷梅瓶。其中有些梅瓶可谓精美绝伦，世所仅存。这是桂林历史文化名城宝贵的文化遗产，是研究古代梅瓶文化不可多得的实物资料。

桂林博物馆所藏各类梅瓶绝大部分出自桂林市东郊尧山明代靖江王陵区。在一个明代藩王陵区出土如此多的梅瓶，可以说是一个独特的文化现象。

靖江王府。始建于 1372 年，系明代藩王靖江王府第，曾被孔有德焚烧、日军轰炸破坏，1947 年在明代遗址上重建

团队游客
入园通道处
团队入园处

明靖江王城城门遗址

靖江王是朱元璋于洪武三年（1370 年）首批分封的十个藩王之一，也是唯一以侄孙辈受封的藩王。从洪武三年册封，到清顺治七年（南明永历四年）（1650 年）十一月亡国，靖江王存世约 280 年，传十一世孙，十四王。

靖江王在桂林城中建有规模宏伟的宫殿，除靖江王及众妃嫔外，王室还有众多的官属宗亲，形成了以靖江王为中心的规模不断扩大的宗族支系。明初朱守谦到桂就藩时仅有十几人而已，到明中期宗室人口发展到 2000 多人，到明末已发展到 3000 余人。这些王室人员需要大量的生活瓷和观赏瓷，其中包括既实用又具观赏性的梅瓶。桂林历史上没有烧造青花瓷器的瓷窑，那么，这些瓷梅瓶从何处运来？从其器形、釉色、纹饰等诸多方面看，这些瓷梅瓶来自瓷都江西景德镇。由于桂林不产青花瓷器，而财力雄厚的靖江王府不惜远到江西景德镇采烧，以供王室及宗人之用。从出土的梅瓶看，具有明代各时期的不同风格，证明各代靖江王都有在景德镇定烧瓷器的情况。

从景德镇采烧瓷器，再运到桂林，遥遥两千余里，从陆路用车马或

明宣德青花携琴访友图梅瓶
桂林博物馆藏

明宣德青花携琴访友图梅瓶
（另一面）
桂林博物馆藏

明宣德青花西溪问樵图梅瓶
桂林博物馆藏

明宣德青花西溪问樵图梅瓶
（另一面）
桂林博物馆藏

明正德青花人物故事细口梅瓶
桂林博物馆藏

明嘉靖青花岁寒三友仙人故事图带盖大梅瓶

桂林博物馆藏

明青花飞凤梅瓶
桂林博物馆藏

1 2
3 4

1 明万历青花双龙赶珠纹梅瓶
桂林博物馆藏
2 明万历青花双龙赶珠纹梅瓶（另一面）
桂林博物馆藏
3 明万历青花双龙赶珠纹梅瓶
桂林博物馆藏
4 明万历青花双龙抢珠纹梅瓶
桂林博物馆藏

人挑必定花费巨大且容易破碎。而当时桂林的水路即可通过灵渠通达洞庭湖、鄱阳湖。因此，从水路运输应是最安全最便捷的。四百年前，满载着青花梅瓶的货船从流经景德镇的昌江出发，入鄱阳湖，进入长江，再进洞庭湖，继而转入湘江溯江而上，经过兴安灵渠，入漓江，到达桂林。这条通过灵渠联通的水路交通为景德镇瓷器能较便利地运达桂林提供了条件。

而历代靖江王死后，梅瓶也是陪葬器物的首选。第一任靖江王朱守谦囚死京城，葬于南京，第十三、十四任靖江王朱亨嘉、朱亨歅因战乱，死后下落不明。其余十一任靖江王及其官属宗室死后均葬于桂林东郊尧山一带，形成了以尧山为中心的规模巨大的王陵区，方圆逾百平方千米，素有“岭南第一陵”之称。“北有北京十三陵，南有靖江十一陵”，足见其规模之宏大。目前，这一墓区内仍保存有完好的大小墓葬300余座。桂林靖江王陵出土的梅瓶数量之多，世所罕见。特别是各类以青花为主的瓷梅瓶，更是其他地区所少见。

雪中万里桥（1972年）

明人诗文中的灵渠

明人咏诵灵渠的诗歌，也成为灵渠历史文化中的一道风景线。监察御史严震直虽然在修复灵渠时犯了错误，但他的一首咏诵灵渠的诗《筑兴安堤》却脍炙人口：

岭外河堤筑已坚，
促装归去去朝天。
桃花满路落红雨，
杨柳夹堤生翠烟。
黎庶勤劳功幸就，
清朝治化德为先。
老臣自愧恩无报，
但祝皇图亿万年。

严震直在诗里很为他将大小天平坝加高筑牢得意，虽然历史证明了他的失误，但一句“桃花满路落红雨，杨柳夹堤生翠烟”却使这首诗成为灵渠写景诗句中的佳品，让兴安人民传诵数百年。

“千峰插地斜”的风景中流过的灵渠

明代大学士、大才子解缙的《兴安渠》则更是名扬千古。解缙因为触怒明成祖朱棣而被贬至广西，他入桂经过灵渠时，写诗赞曰：

石渠南北引湘漓，
分水塘深不作堤。
若是秦人多二纪，
锦帆直是到天涯。

此诗准确写出了灵渠的概貌和重要作用，还借此发兴亡之叹，赞许了秦人开凿灵渠的伟业，感慨秦朝国运的短暂。与皮日休《汴河怀古》“尽道隋亡为此河，至今千里赖通波。若无水殿龙舟事，共禹论功不较多”相比，真有异曲同工之韵味。

明代诗人俞安期的《舟过秦渠即景》则描写了灵渠南渠沿岸的美景。南渠周围喀斯特地貌发育较好，“千峰插地斜”的峰林拔地而起，蜿蜒曲折的渠道，从中穿流而去，可谓一幅浑然天成的风景画：

秦渠曲曲学三巴，
离立千峰插地斜。
宛转中间穿水去，
孤舟常绕碧莲花。

灵渠南渠严关画眉塘一带的田园风光

明崇祯十年（1637 年）农历闰四月二十日，著名旅行家徐霞客也游览了兴安及灵渠。他在游记中写道：

入兴安界，古松时断时续，不若全州之连云接嶂矣。十里，东桥铺，五里，小宅，复与湘江遇。又五里，瓦子铺。又十里，至兴安万里桥。桥下水绕北城西去，两岸甃石，中流平而不广，即灵渠也，已为漓江，其分水处尚在东三里。过桥入北门，城墙环堵，县治寂若空门，市蔬市米唯万里桥边数家。炊饭于塔寺。饭后由桥北溯灵渠北岸东行，已折而稍北，渡大溪，则湘水之本流也。上流已堰，不通舟。既渡，又东小溪，疏流若带，舟道从之。盖堰湘分水，既西注为漓，又东浚湘支，以通舟楫，稍下复与江身合矣。支流之上，石桥曰接龙桥，桥南水湾为观音阁。已离城二里矣……出城，西三里，抵三里桥，桥跨灵渠，渠至此细流成涓，石底嶙峋。时巨舫鳞次，以箔阻水，俟水稍厚，则去箔放舟焉。

徐霞客在文中记述了灵渠北渠观音阁桥、观音阁竹枝堰、竹枝堰桥等。难得的是，他特别记录下当时陡门行舟的过程，而且还原了灵渠在明代末年三里桥沿河“巨舫鳞次”的繁忙景象。文中所记万里桥边的塔寺，可惜于民国年间坍塌，塔基中出土有金银器皿，现藏于广西壮族自治区博物馆。

灵渠小天平鱼鳞坝

一朝十五次修缮

清代的两广地区，人口日增，经济日益发达，灵渠的航运也更加繁忙。这就要求灵渠的各项工程设施必须经常保持良好运行，管理也必须达到新的水平。清代对灵渠的维修，有记载的多达 15 次。维修的主要项目是：重修大、小天平，将原坝面的“巨石平铺而鱼鳞如累卵”（陈元龙《重建灵渠石堤陡门碑记》）改建为巨石作龟背形，鱼鳞石用长石直竖；在修治堤岸和陡门时，“掘地七八尺，用大木排桩，上以大石合缝砌之，灌以灰浆”（陈元龙《重建灵渠石堤陡门碑记》）。

其中，清康熙五十三年（1714 年）广西巡抚陈元龙率属捐俸，主持维修灵渠。这次维修科技含量很高，一是深挖坝底，用松木为桩，民间有“水浸千年松”的说法，用松木桩铺垫坝底保证了坝基的稳定，坝面又采用两米长的条石竖铺成鱼鳞石，用巨石铺成龟背形使大坝坚固无比。至乾隆十九年（1754 年）时，两广总督杨应琚又创造性地在坝面巨石上相连处凿成“燕尾槽”，再熔生铁汁灌之使“铃锢”相连，是灵渠建设中很值得骄傲的举措，也最终形成了我们今天看到的大坝现状。

灵渠泄水天平

据时人描写当时修缮的效果，有“旧日百夫牵挽一舟，月余而不得过。今千航万艘，轻篙柔橹出灵渠矣”“河流宣畅，旱潦无忧，桔槔声闻，沃野千顷，舳舻唧尾，商旅欢呼，楚越之血脉长通”（梁奇通《重修兴安陡河碑记》）等赞誉之语。

从清代开始，灵渠的拦河大坝又称为大、小天平坝。大小天平是灵渠的核心。斜向南渠的叫小天平，长 127.0 米；斜向北渠的为大天平，长 343.3 米。陈元龙修灵渠后有“天平石堤”，简称“天平石”。这一工程流传民间，至清乾隆二十年（1755 年）修渠主持人杨仲兴在《陡河图说》中记述：“其横亘河面，使水不溢而有所归者，则天平石；称水高下，恰如其分，故以天平名焉。”明清时代为了保护南渠畔的县城，又在南渠上修建了三座泄水天平，每当洪水季节，涌入南渠的洪水便可通过泄水天平，排入湘江故道，以保证县城不受水淹。这里值得一提的是，修缮完成后，杨仲兴又用工程剩余资金购置了 20 余亩渠田，其收入用作渠道管理人员“渠目”“渠长”的薪俸，为灵渠的后续管理提供了切实的经费保障，在中国水利史上也具有重要的意义。

嘉庆五年（1800 年），海阳堤坍塌，淹没农田数万亩，广西巡抚

灵渠大天平鱼鳞坝

小天平鱼鳞坝

谢启昆捐俸修灵渠，仿浙江修海防堤“竹篓囊石法”修整陡河堤，令航船缩短过陡时间，航行条件改善良多。据记载，此次整修后，浙江铜船105艘经过灵渠，3天内全部过陡。

光绪十一年（1885年），湘江上游因暴雨而引发大洪水，冲毁了铧嘴，当年冬重新修筑。主要工程有改建铧嘴和修补大小天平，“因铧堤旧址填阏，改置下游三十丈处。铧嘴甃结甚坚，下则以乱石围之，堤

锌嘴春景

锌嘴夏景

身高而固”（陈凤楼《重修兴安陡河碑记》）。铧嘴被大水冲坏部分不再重修，铧嘴尖端下移，直到 2005 年 12 月重修时，才恢复铧堤 81 米。“其大、小天平，叠石如鱼鳞形，匀排密布，衔接处胶以灰泥，外复缘以巨石”（陈凤楼《重修兴安陡河碑记》），这是此次修复的重点；另外还修南渠陡门 19 处，北渠陡门 3 处，泄水天平、黄龙堤等石堤 5 道，并在南渠新建滑石、鸾塘、牛角三陡。

铧嘴秋景

铧嘴冬景

通过明、清两代对灵渠的维修，灵渠的大小天平、铧嘴、渠道、陡门、泄水天平、堰坝基本上已近完善。到清末，灵渠上共有陡门36处，堰坝31座、泄水天平3处，古桥12座，也基本上就是我们现在所看到的灵渠。

小天平南渠入口处

1 行人走过暴雨季节中的泄水天平

2、3 鱼鳞坝细部

到清代，灵渠上的石拱桥已增至16座，现存古桥11座（状元桥、粟家桥、马嘶桥、万里桥、娘娘桥、接龙桥、三里桥、霞云桥、八角亭桥、星桥、黄龙桥），大都历史悠久，年代由唐宋直至明清。另有5座已经消失的古桥，其名为花桥、攀桂桥、萧家桥、印陡吊桥、仙人桥。

这些古老的石拱桥又称虹桥，横跨在古灵渠上，两岸杨柳依依，水草萋萋，虹桥白日似一弯彩虹，夜间如一轮明月。由于灵渠的地位和影响，这些桥也成为繁忙的陆上通道，而且有些桥的附近就是水陆货物交易场所。如徐霞客游记里记载的三里桥，下游为码头和盐埠，码头紧靠三里陡陡门，是当时最重要的货运码头。三里桥码头集桥、陡、埠三位一体。当年这里客商云集，千帆林立，非常热闹，是南下桂林、北经全州至湖南的水陆交通联结点。

还值得一提的是星桥陡。星桥位于始安水和清水河的汇合处，是南渠下游最后一座虹式单拱石桥，桥面长17.65米、宽4.3米，建于清道光十四年（1834年），至今保存完好。星陡与星桥联为一体，陡桥合一，

状元桥

自成一景。

更为难得的是，这些现存的石拱桥经过历代整修，大都完好无损，仍在使用，既方便两岸百姓来往通行，也是游灵渠驻足观景的好地方。

三里陡村旁三里桥（1978年）

这些古桥及其相关的故事传说，已经成为灵渠历史文化的重要部分。

1 灵山庙星陡，陡桥相依（1972年）
2 灵山庙星桥
3 东村八角亭石拱桥
4 粟家桥秋色

万里桥旧景（1972年）

1 粟家桥倒影如梦似幻
2 万里桥旧景（1988 年）
3 霞云桥

1 星桥
2 星桥风光
3 东村桥

东村五百堰纪事碑，刻有禁止毒鱼等规定

陡军与陡村

因为陡门，灵渠在明清也被称为陡河。兴安著名摄影师盛久永先生20世纪70年代在灵山庙采访时，曾听当地老人讲，清初兴安灵山庙的百姓送考生去桂林应考，都会以陡门为题作赠，诗曰：“一陡塞陡一陡深，陡深一陡庆升平。三十六陡齐放去，送君直下桂林城。”可见陡门在灵渠沿岸普通百姓生活中的分量。

而灵渠之所以能历代通畅运行，离不开制度化的维修和管理。陡河的两岸，还有一支鲜为人知的专业管理队伍——陡军。陡军指灵渠陡门的管理者，又称渠目、陡夫，负责陡门的日夜看守和起降服务，每个陡门由渠长和渠目2至3人负责。陡军原属军队编制，后划归地方管理。负责陡门开闭的陡军或陡夫其工饷由当地政府支付，相当于享受现在的国家公务员待遇，当属编制内专管人员无疑。陡军称秦始皇开凿的灵渠为“皇河”，而把政府支付工饷称为“世食皇粮”，可见陡军把守陡之职视为御赐殊荣。

据传，明洪武二十八年（1395年）秋，唐铎奉旨来广西平叛，

东村古村落

东村古民居弧形防火墙

见灵渠久废，舟船不通，便据实禀报。朝廷派监察御史严震直于洪武二十九年（1396 年）来兴安维修灵渠。跟随严震直来兴安修渠的有祖籍山东的季、颜、宿姓三人。灵渠维修工程结束后，这三人又奉令守渠，划地军屯，就地安置。颜氏始祖安置在县城，季氏始祖安置在县城以西、

1
2 3

1 东村古民居闸门
2 东村民居喜字窗
3 东村古民居梅花窗

今属福在村委管辖的季家屋场村，宿氏始祖安置在县城以南、今属福在村委管辖的松树山村。季、颜、宿三人结为兄弟，视同一家，互不通婚。他们既是灵渠的维修者，又是灵渠的管理者。其后裔继承祖业，守陡护渠，“世食皇粮”。

灵渠南陡村

灵渠东岸的陡村东村古民居燕翼墙

灵渠东岸的陡村东村古民居燕翼墙

兴安镇福在村陡军后裔建的季家祠堂

灵渠边的古村，除了季家屋场、松树山村，还有东村、大湾陡村、分水塘村、南陡村、打鱼村、江西坪村、马头岭村、画眉塘村、唐家司等，这些古村落，有的是陡军世代聚集的村庄，有的是古渡，有的是傍陡、桥而产生，都是随着灵渠的发展而生存繁荣。其中，在湘江源头近峰岭脚下的白石乡水源头古村，已经有 400 多年历史了，村中的秦家大院始建于乾隆三十五年（1770 年），建成于嘉庆五年（1800 年），共建造了 30 年。当时建筑规模宏大，共有 8 组建筑，30 多幢房屋，占地面积达 15000 多平方米，后经几次大火，留下来比较完整的还有 3 组建筑。这 3 组建筑占地横 60 米，深 120 米，面积为 7200 平方米，纵横有序，排列整齐，首尾相接，左右相通，分开来看是 14 幢独立的房屋，从总体布局看又是一组完整的建筑。进了大门，就是宽 45 米、深 9 米的前院，正对大门，是一座坐北朝南前后排列的大房，每座均为三开间，前后三进。右边又是一组相同的建筑。秦家大院共有 3 条各长 120 米、宽 3 米的纵道，

水源头古村雪景

水源头古村秋色

水源头秦家大院格局严整、保存完好

还有 3 条各长 100 米的横道，均用大青石板铺成，虽经 200 多年仍保存完好。大院四面均有闸门，和平时期，这是一处安乐之乡、逍遥之地；一旦发生匪患，放下四面的闸门，这里就成了一座戒备森严、固若金汤的堡垒，一般的小匪散兵，只能望村兴叹。秦家大院如今是兴安最有代表性和保存最完整的古民居。

水源头秦家大院小巷

20 世纪 60 年代初，灵渠研究专家唐兆民先生曾采访 68 岁的老陡军宿昌定。

唐兆民先生称宿昌定老人是灵渠历史上最后一位渠目，他家从接替季姓管陡门已历五代。1940 年以后，灵渠水运已被铁路运输取代，政府停发工饷，陡军的历史便画上了一个句号。

据宿昌定老人回忆，陡军或陡夫的主要任务是负责启、闭陡门，以保证顺利通航，同时还要及时掌握和禀报陡门和灵渠的损淤情况，以便及时修浚。陡军开、塞陡门只是对官船而言，如果商船、民船过陡，则由船夫自行塞陡、开陡，而且还要租用陡军手中掌管的塞陡工具。船只过陡也有不少规矩，如民船让官船、轻船让重船、下水船让上水船先行，等等。这些规矩，与现代公路的交通法规相近似。

根据 2013 年 11 月 16 日兴安学者的调查，兴安灵渠最后一位还健在的陡夫叫唐之元，当年已 89 岁，家住县城以西的大湾陡村。他 13 岁时曾与父亲管护灵渠陡门，在一次开陡时手指被扎伤，现在还留有伤痕。他称自己接替父亲守陡是宿老满（宿昌定）安排的，说明宿昌定老人当时有一定职务，大湾陡的守陡事务可能由他兼管。1946 年，政府停发工饷，他看守陡门的工作也就停止了，他当陡军的时间有十一二年。

“世世不改”，陡军为灵渠的维修、管理、守护立下了汗马功劳。陡军文化，也成为灵渠厚重的历史文化中非常重要的一部分，还在等待着进一步的挖掘与研究。

江到兴安水最清

明清两代，经过历次维修，灵渠的航运能力大大提升，对两岸经济的发展起到重要推动作用。兴安县城成为湘漓水运的枢纽。特别是乾隆十一年（1746 年），兴安县城专门疏导了城内的河道、桥、堤以及渠旁的道路、店铺，更成为街市繁华的运输中转站。灵渠上往来商旅游人众多，因此诗人们也留下了大批咏颂灵渠的诗词。其中最为人称道、脍炙人口的有清人苏宗经的《出陡河过兴安县》和袁枚的《由桂林溯漓江至兴安》两首诗。

行尽灵渠路，兴安别有天。
径缘桥底入，舟向市中穿。
桨脚挥波易，篷窗买酒便。
水程今转顺，翘首望前川。

这是清代广西玉林籍文学家、史学家苏宗经的《出陡河过兴安县》，

灵渠两岸的喀斯特风光

1、2、3
20 世纪中叶的水街。那时两岸居民日常生活取水都依靠灵渠，两岸骑楼林立，可以想象旧时的繁华风貌

他以简洁的笔触，为我们勾勒出一幅当年商旅云集、市井繁华的灵渠水街风情。

道光四年（1842 年），苏宗经上京赶考，乘船从桂林经兴安北上，船过灵渠，进入兴安县城，看到一派繁华的景象：只见灵渠里停满了大

20 世纪 70 年代的灵渠水运一景（1978 年）

星桥倒影（1973 年）

小船只，万里桥两边岸上挤挤挨挨全是吊脚木楼。万里桥上，来来往往皆是行商旅人。真是客满兴安邑，水似秦淮河。放眼望去，北街里一带全是客栈——悦来、风顺、福隆……都住满了操各色口音的南北客商。

晚餐后，苏宗经乘一只小舟，夜游中水关。

青山簇簇水中生

灵渠流至严关同志村赵家堰段，水流平缓，青山相依

中水关一带不减白日的繁华，虽说大宗的交易已经休市，但真正的市井生活似乎才刚刚开始。桨声灯影里的古灵渠，被两旁的吊脚楼挤得似乎只剩一条缝。船过老字号的罗家酒坊时，阵阵酒香钻入船舱，让不胜酒力的苏宗经有了微醺的感觉。如泣似诉的古筝从南边吊脚楼后面传来，船家告诉苏宗经，那是湖南会馆的茶楼女子所弹。湖南会馆不仅广纳来兴安做生意的湘籍人士，也是本地商贾喜欢去的地方。

说话间，船家正用船桨顶开横在水面的简易木桥，兴安人称之为泼水桥，为方便灵渠两岸商家和市民买卖方便而设。桥一端为活扣，有船经过，以船桨竹篙顶开，桥板顺水靠岸；有人过渠，将系桥之绳扔过对岸，缓缓拉至活扣处，挂上即可。北岸商铺和各种作坊鳞次栉比。

虽说快近二更，各种作坊仍未打烊，小酒肆里更是觥筹交错，热闹非凡。灵渠里的小船逐渐多了起来，偶有人探身篷窗外，对着吊脚楼喊一声：“店家，来两斤三花酒！”顺手将铜钱放进店家递过来的小竹筐里。不一会儿，店家用竹筐装好美酒递给船上人。这种买卖情景，苏宗经也是平生第一次见到，真是大开眼界。

灵渠上的小船

严关镇杉树村马头山村一带的灵渠，犹如身在“船在青山顶上行”的诗境

灵渠带来了沿岸的市井繁华，也滋润了两岸旖旎的青山秀水，引得南来的文人墨客流连不已，用诗词留下了多少流风余韵。清代大诗人、性灵派代表人物之一的袁枚，即以一首《由桂林溯漓江至兴安》，使灵渠沿岸的美景流芳千古。

乾隆四十九年（1784 年）的秋天，年近七十的袁枚，兴致勃勃地站在一条船的船头，行在曲曲弯弯的陡河中，两岸如画的风景，让这位老诗人目不暇接。

此时的灵渠，江水清澈见底，两岸青山峭立挺拔，呼朋唤侣般连绵不绝，青山倒映在江水中，轻轻晃动的山影布满了整个江面。好像山是从水中长出来的。明明看见江水中青山的山顶，而小舟就正在山顶上摇曳行进。袁枚陶醉在这幅迷人的画卷中，按捺不住自己的诗兴，随口吟道：

江到兴安水最清，青山簇簇水中生。

分明看见青山顶，船在青山顶上行。

袁枚口中的这段河面，正是灵渠上从星桥到赵家堰这一段，在这里，灵渠（始安水）正缓缓汇入清水河，河面宽阔、水流平缓，江面如镜，恰好将两岸青山映照入水，让人产生船在青山顶上行的奇幻感觉。

后来，袁枚的这一首诗，被截取后句，用于形容山水甲天下的漓江风景，竟成千古绝唱。世人往往只知桂林山水之美，不知灵渠除了丰饶的历史文化底蕴，也有着如诗如画的自然风光。正应了当代著名水利史家郑连第先生对灵渠的评价：“她与桂林山水一脉相承，充满甲天下的余韵。”

清澈的灵渠水，还是一面历史的镜子，映照出灵渠两岸人民千古流传的精神和气节。这也构成了灵渠文化中一笔无形的精神财富。

其中，明敕封的“三将军墓”，最能体现灵渠之神韵、兴安民众之忠义精神。

三将军墓原建于县东北山阳，后迁入灵渠岸粟家桥边。这是兴安乡民为纪念传说中为修渠而死的3位工匠而立的衣冠冢，于清乾隆五十六年（1791年）所建。墓碑有“明朝敕封张刘李镇国将军神墓”字样，碑记说：“三将军墓由来久矣，其遗事记未评载，相传筑堤有功。”唐代兴安就有抵抗叛军保全县城而被朝廷赐名“全义”的壮举，而修渠的三将军为“义”而献身，将“忠义”二字诠释得淋漓尽致。“全义”和“三将军墓”是灵渠人民引以为豪的传世气节，也体现出两千年来兴安人民修渠护渠的奉献精神。

民国年间，灵渠还诞生了一件特殊的文物，从另外一个方面诠释灵渠岸边的兴安人民历经千年不改的气节和精神。这就是四贤祠内的劣政

三将军墓

三将军墓文保碑

碑。这类石碑据说全国只有两块，一块立在杭州岳飞墓前，记载着卖国贼秦桧的斑斑劣迹，另一块就是灵渠四贤祠里的石碑了。这块石碑上只有 19 个字，上书“浮加赋税，冒功累民，兴安知事吕德慎之纪念碑”。这块石碑记载了原兴安知县吕德慎欺压百姓的劣行。 民国初年，军阀混战，民不聊生，时任兴安知事的吕德慎，不但不为民谋利，反而大肆

劣政碑

搜刮民膏。他为中饱私囊，任意增加税收，严重损害民众利益，一时满县百姓怨声载道。有一次，广西都督、两广巡阅使陆荣廷由桂入湘路经兴安，兴安的一群秀才便拦路告状。陆荣廷得知吕德慎的种种罪行后，异常震怒，当即撤掉了吕德慎的职务。兴安的文人为警示后人，特立下此碑，教育后人，做人要堂堂正正、当官要清清白白。

灵渠沿岸的村民从灵渠挑水直接饮用

民国 > > > >

民国时期，由于频繁的军阀混战和后来的抗日战争、解放战争，灵渠基本上没有进行大规模的维修。民国三十一年（1942年），当时政府成立“秦堤管理委员会”，开始将灵渠辟为风景区。从粟家桥至分水塘一段，被辟为公园，并兴建了南陡阁、杏厅、保安亭等一批亭台楼阁，方便游人驻足览胜。在这一时期，随着大批的民国政要和文化名人的游历访问，灵渠在国内外的知名度大幅提升。

西方人笔下的灵渠游记

早在20世纪初，灵渠贯穿南北水系的名声已经传到国外。据广西师范大学文学院教授、桂林文化学者黄伟林先生的考证，著名的中国研究专家、法国神父雷诺曾根据有关文献资料完成了一篇关于灵渠的文章，他还把这篇文章寄给他的法国朋友旅行家拉丕克。拉丕克看过后非常感兴趣，于是在1911年的夏天开始了一次体验灵渠的旅行，并以日记的形式写成一篇《兴安运河记》：

……我可以证明这里的航运是相当重要的，由运河下行至大溶江，因为不使水势急流倾泻的缘故，若干水闸（斗门）的设立，实属必要。不过，民船经过斗门时相当困难罢了。

斗门的做法，一般来说，是用木桩子做柱子，束竹木做横栏，再用大竹筐装满石子横放斗门的中间，在这些地方，当几条船只将要经过的时候，守水闸的人，赶快将上述这些阻水物开放了一部分，于是船只就顺着水势，渡过了斗门……

航行运河的船只，普通大约长十二公尺至十三公尺，宽一公尺半至

飞来石旁“夜月潭辉”旧景

两公尺，载重七八吨，吃水深度有时不到一尺。船上所盖的是棕毛织的活动船篷。撑船的方法，大概是用竹篙或拖曳，必要时还得下水里推船。

我离开兴安，正是五月天的一个早晨，天气很好的时候，走过一段很平坦的路径，令我回想到一个湖边的长堤。跟着运河岸步行，经流过一片狭长的平原里，两岸竹木丛生，点缀风景，在右首，忽然见到一片水塘，清澈新鲜，对于我实在是一个很好的启示。我似乎走到一个干了的大湖泊的中间，这个大湖泊，就是这运河所经过的大盆地，而这条运河就变成一条由东北到西南的轴心。

湘江与漓江的水，在某一时期也许互相灌注……对于法国人这事体尤为重要，因为黑旗军打安南的时候，似乎是经过这条运河运湖南的米来接济的。

从运动的观点看来，一个好水上运动的人，可以用一个特制的小汽艇，从安南（越南）东京区的东部出发，经龙州由水道航行到北京……

（唐兆民《灵渠文献粹编》）

其实，拉丕克过灵渠的时候，陡门全都用大青石砌筑了，他所看到的“竹木斗门”，其实是拦河引水搭架筒车汲水灌田的堰坝。船只要过堰坝时，也要蓄水关闸，只是用的工具与方法和陡门不同。

灵渠与桂林文化城

全面抗战开始后，中华大地烽火连天。1937 年底，上海、南京等地相继失守，国民政府迁都重庆。此后不到一年时间，1938 年 10 月，日寇又攻占广州、武汉。桂林成为沟通重庆、香港和沦陷区的枢纽，西南大后方的中心城之一。大批进步作家和文化界人士，如郭沫若、茅盾、巴金、田汉、夏衍、欧阳予倩、熊佛西、邵荃麟等，先后云集桂林，使桂林文化、新闻、出版事业蓬勃发展起来，掀起了轰轰烈烈的抗日文化运动，桂林成了著名的"抗战文化城"。特别是田汉、夏衍、熊佛西等一大批戏剧家到来后，利用戏剧大众化和贴近现实政治的特点，积极创作和演出，使桂林文化城的戏剧运动空前繁荣，为中国现代戏剧的发展作出了巨大贡献。

1943 年 6 月 5 日，田汉、夏衍等组织文化抗日宣传队到兴安宣传抗日。当时的兴安是桂林的一个抗日大后方，有广西的两个伤兵大本营。兴安的青年人都踊跃报名参加军队，而群众则积极地捐衣捐物，全民抗日的气氛十分浓厚。

桂林市救亡日报社旧址

桂林市凤北路口的八路军桂林办事处旧址

宣传队在兴安县城的戏台唱戏，上午正式演出的时候，县城里万人空巷，周围农村的人都跑来了，把戏台周围挤得密密麻麻的，可以说这是兴安有史以来最大的盛事。宣传队所演的《梁红玉》成功地塑造了南宋抗金英雄梁红玉的高大形象，宣传了同心协力“歼强寇，收复冀北定

桂林文化城时期的戏剧重地广西省立艺术馆旧址

分水塘村旧景（1978年）

江南”的抗敌救国主张，并有力地打击了汉奸、投降派的气焰。

同年7月15日，田汉和队员到灵渠游览。当日，暴雨初歇，碧空如洗，而湘江波浪翻滚，惊涛拍岸，洪流像千军万马呼啸而下，卷起千堆雪，景色非常壮观。

雨后激流飞泻、彩虹当空
的小天平

烟雨中的小天平

田汉望着那滚滚的波浪，不由想起了那些在抗日战场上奋不顾身的战士。田汉走进清幽亭，磅礴的热情不可遏抑，挥笔在墙上写下两副对联：

先民巨凿留残石
战士高歌起怒涛

国忧恰似双江急
民忾如同五岭高

这两副对联，不仅对仗工整，平仄和谐，而且借景抒怀，自然贴切，为千古灵渠留下鲜明的时代色彩。

而在桂林文化城期间，提出戏剧创作“必须把握大众情绪，透入大众心理，了解大众苦痛”的著名剧作家熊佛西，在忙碌紧张的戏剧运动工作之外，漫游灵渠，并用戏剧家的另一支妙笔，写下了一篇《漫记兴安灵渠之游》。其中有这样一段文字，传神地描绘了灵渠的美景及其神韵：

“我以为兴安风景最大的长处就是‘平淡’。它秀，但不媚，它引起人的美感，但不使人陶散；它幽，但不神秘，虽有世外桃源之感，但无神出鬼没的现象。它的长处是‘平淡无奇，落落大方’。她好像是一位读过些诗书的乡下姑娘，不烫发，不抹脂粉，不穿高跟鞋，不奇装异服的故意惹人注意。但她的五官却长得很端正，尤其她那双清秀而不荡媚的眼睛，使人发生无限的美感。黄昏在‘秦堤’散步，在‘点灯山’俯瞰，月夜在‘铧嘴’抚琴、听涛，暑天在‘分水塘’游泳，在‘飞来石’纳凉——都是人间的清福。”

除了赞叹灵渠的美景，值得感叹的是，熊佛西还对灵渠作为世界级别的水利工程的意义毫不吝惜赞美之辞，并独出心裁地将之与秦代另一伟大的水利工程都江堰作比，以显出其独特地位与价值：

“兴安的古迹——水利工程，更值得我们叹为奇迹的伟业，使我们感到我们祖先创业的伟大与艰苦，与四川灌县的都江堰可以互相媲美。李冰父子与‘三将军’的那种创业的伟大精神真可永垂万世！从表面看，灵渠的工程似乎不如都江堰的繁巨，然其科学方法实是同样的伟大，甚至过之。且灵渠对于民生的影响比都江堰更重大，前者影响湘桂两省的交通与民食，而后者仅关乎川西十七县的民食而已！总之，灵渠的水利工程实为我祖先所遗留最辉煌的伟业，置之于今日世界伟大工程中亦无愧色！”

湘漓分派碑

柳亚子游灵渠

在抗战时期游览灵渠的文化名人中，以为灵渠留诗最多的近现代著名诗人柳亚子先生最为注目。

胸中云梦吞八九，倡侧郊垌厌诗酒。
桂林山水欺人耳，何似兴安风景秀。
灵川一瞥便严关，漓滨胜地萦怀久。
万里沧浪更马嘶，三桥鼎峙畴先后。
秦堤柳烟似江南，江南正落倭寇手。

这首诗，是柳亚子当年畅游灵渠时所作，先生借灵渠抒怀，表达了对中华大好河山的热爱，更对日寇铁蹄下的祖国命运寄予了无限的忧思。

柳亚子到桂林后，在推动抗战文化之暇，与田汉、茅盾、熊佛西等人泛舟漓江，游览阳朔，饱览了桂林的山光水色。他久仰兴安灵渠大名，一直想找个机会畅游灵渠。1943 年 4 月 22 日早晨，虽然下起了大雨，

20 世纪中叶的飞来石一带，可见灵渠上的便桥

20 世纪中叶的飞来石一带

柳亚子、田汉、尹瘦石、阳太阳一行二十多人，登上火车，向兴安出发。在车上，巧遇驻兴安桂北师管区司令王赞斌中将回兴安。王赞斌见柳亚子一行尽皆文化名人，欣然以东道主身份邀请同游。车到灵川，雨过天晴，大家顿时高兴起来。到了兴安下车，由王赞斌引路，来到司令部小

分水塘晨曦

南陡阁

憩片刻，时任县政府秘书的兴安著名指画家曾恕一也欣然陪同游览灵渠。

漫步而上，行至秦堤，站在飞来石上，曾恕一向大家介绍了灵渠开凿的历史。柳亚子听完曾恕一介绍，沉思良久，长叹一声，作诗道：

秦堤漫步

漓南湘北旧分歧，凿空人功强合之。

四海一家成底事，至今黎庶苦东夷。

眼前虽有灵渠美景，而诗人的心里，还是在忧国忧民，在控诉日军的侵略。

众人下了飞来石，慢慢沿渠而上，来到四贤祠。四贤祠院内，古木参天，一棵树龄700余年的大重杨，将一块乾隆十二年（1747年）的古碑，吞入离地三尺的树干中，蔚为奇观。

柳亚子等人啧啧称奇，接着走进四贤祠内。面对四贤，柳亚子又诗兴大发，吟道："姓名挽近较堪稽，神话传流旷古时。崇德报功都不朽，三将军墓四贤祠。"出了四贤祠，来到了南陡之上，此时因连日大雨，大小天平激流飞泻而下，吼声如雷，白浪如雪。

行人登上小舟，渡过分水塘，登上铧嘴，只见滚滚湘江一泻而下，扑面而来，却被铧嘴一劈为二，分流而去。大家在铧嘴上合影留念后，再登小舟而回。柳亚子再赋诗一首："飞瀑长虹任往还，奔雷两岸一舟闲。我来已恨寻春晚，不见桃花遍地殷。"

临离灵渠之际，柳亚子先生意犹未尽，再次赋诗道："桑田留命百徘徊，未必明年度岭回。应与湖山签后约，桃花红处我重来。 十里秦堤迤逦行，成荫绿叶可怜生。飞来石上同登眺，漫向源头辨浊清。 "

此次游灵渠，柳亚子诗兴大发，一共写下游灵渠诗36首。只可惜，他重游灵渠的愿望未能实现。1958年，一代文豪病逝于北京。

民国时期，除了文化名人，一批政要也造访了灵渠，这其中就有蒋介石、宋美龄和李宗仁等人。

1941年8月，蒋介石与宋美龄来桂林为李宗仁母亲祝寿，其间，蒋介石因久慕兴安灵渠大名，提出要游灵渠。兴安县政府得知蒋介石夫妇来兴安，临时在飞来石一边的渠道上用四根杉树架了一座便桥。当时

铧嘴上的美龄亭

正值抗战时期，战事如火如荼。蒋介石在参观完灵渠后留下了一句别有深意的话语："瞻前人之宏图，抗战到底。"

蒋介石走后，兴安县政府在铧嘴上修了一间小亭，命名为"美龄亭"，亭为木瓦结构，六角形，以木为柱，上盖小青瓦。1964 年，因木柱腐朽，乃拆除重建。新亭在原址向东南移 2 米，仍为六角形，混合结构，6 根水泥柱，四周有围栏，绿色琉璃瓦。亭内立有明万历十七年（1589 年）梁梦雷书"伏波遗迹"及清乾隆五十六年（1791 年）桂林知府查淳书"湘漓分派"两碑。四贤祠边后来修建一小桥，名为"美龄桥"。

1941 年 10 月，桂林籍抗日名将、时任第五战区司令长官李宗仁到兴安游览灵渠后，认为南陡是一处观看大小天平的理想之处，于是指令兴安政府从一钱姓船夫手中买下此地，建观景阁一座。1942 年冬观景阁建成，李宗仁又兴致勃勃来到灵渠，命名为"南陡阁"，并亲自书写了阁名，题对联"南北关山展，陡流云汉横"。

当时的南陡阁为木质结构，分上下两层，均有回廊，四周有木格花窗。登阁远眺，大小天平、铧嘴尽收眼底，一览无余。

古树吞碑

搁浅的灵渠改造计划

抗战期间，国民政府虽然陷入对日作战的极端困境，但却对开发灵渠作出了一件惊人之举，这就是编制了《整理湘桂水道工程计划》。

1937年7月，全面抗日战争爆发，珠江流域成为抗战的后方基地之一。1938年3月，扬子江水利委员会组织勘测队伍查勘湘桂水道，于1939年12月编制了《整理湘桂水道工程计划》，其中包括湘江、漓江和灵渠的全面整治方案。工程包括了从湖南岳阳至广西梧州的水运通道。人工运河灵渠是连接二江之间的水道，按永久建筑安排。根据拟航行船只尺寸来看，原有灵渠的航道标准和供水水源远不能满足要求。灵渠除要多段裁弯取直，全面扩挖河道外，还要建3米水头船闸9座、6米水头船闸1座。为保证水源，使之全年内保持通航，拟在海洋河上新建水库1座，库容1750万立方米。用隧洞、明渠接左岸边的驼龙河引水入南渠，经兴安县城到大湾陡注入新整理的运河，大湾陡向东为新开运河渠道连接湘江，向西则沿南渠注入漓江。

新运河的起点在北渠入湘江口以下的干子堰（樟木塘村东偏南的湘

美龄桥

江左岸），到南渠的大湾陡全长 1 千米。引水系统布置：海洋河水乃循南渠原路经兴安城内流往大湾陡，大湾陡是新灵渠最高点，水位高程为 213.0 米，由此将水向两边分流，一边沿新渠道向东流，到干子堰注入湘江；一边沿原南渠向西流，穿越太史庙山分水岭，直注漓江，全长 23.35 千米。

这个计划是历史上第一次用现代测量技术来调查灵渠，有着不同寻常的意义，但却忽视了对作为文化遗产的千年古灵渠的保护。本计划原拟在抗战胜利后实施，用 10 年时间完成，因形势变化，最终没有实行，却也说明了在现代西方工程技术引入后，中国的水利建设已开始进入一个新的阶段。

当代

20世纪30年代末，随着湘桂铁路和连接黄沙河至桂林的桂黄公路通车，灵渠的航运功能逐渐减弱。到中华人民共和国成立后的20世纪50年代，经过灵渠的商船已经消失，而灵渠的灌溉、补水、排洪、旅游等其他功能却渐渐扩大。灵渠这一独一无二的活的历史文化遗产，在新时代得到了前所未有的保护和修复，继续造福着两岸的百姓，并承担起了新的历史任务，焕发出新的生机，走向世界和未来。

据唐兆民先生 20 世纪 60 年代的两次调查，中华人民共和国成立前灵渠在南渠上的堰坝共有 31 座，包括县城附近及北渠，灵渠的灌溉面积共 8955 亩。灵渠的渠水，除了通航所需，一般能保证一季水稻的灌溉用水。

中华人民共和国成立后，人民政府十分重视发挥灵渠的灌溉作用。为了将灵渠建设成为现代农业灌溉工程，人民政府在系统修复历史工程

灵渠补水及灌溉工程——1996 年建成的兴安县五里峡水库

南渠严关段的美丽田园

灵渠分水塘附近的葡萄种植基地

灵渠畔的柑橘种植园

禾花鱼收获季节的灵渠畔

的基础上，采取了一系列配套措施，新建扩建一批灌溉供水工程。至2006年止，共投资1200多万元，从而使灵渠有效灌溉面积大大提高，从1949年前的8955亩增加到现在的65000亩，受益人口达5.9万。灵渠灌区成为兴安县主要粮食生产基地之一，灌区覆盖兴安县的5个乡镇、186个自然村。灌区除种植水稻外，还种植葡萄、柑橘、草莓等经济作物，农业年产值约13.16亿元。近年来，灵渠还承担了新的历史使命，她作为漓江上游的重要支流，承担了为漓江补水的重要功能，每年通过南渠流入漓江的水量超过1亿立方米。清澈的漓江水所绘出如诗如画的山水胜境，也离不开灵渠无声的滋养。

古老的灵渠在新时代又被重新赋予了新的生命，成为著名的风景旅游区。中华人民共和国成立后，兴安县人民政府大力发展旅游业，拨款修葺祠庙、整理古碑，增加景点，灵渠成为国家4A级景区，迎来了四面八方的中外游客。

郭沫若《满江红·灵渠》词碑

中华人民共和国成立后，朱德、谢觉哉、陶铸、郭沫若、翦伯赞等老一辈革命家和文化名人相继游览过灵渠，给灵渠留下许多诗文，其中郭沫若先生的一篇《满江红·灵渠》更衍生出一个传奇故事。

1963年3月18日，郭沫若应邀出席广西历史学会成立大会。会议结束后，郭老携夫人于立群与著名历史学家、北京大学副校长翦伯赞同游桂林奇山秀水。3月28日这天，天气晴朗，郭沫若一行兴致勃勃来到灵渠游览，两千年的古老灵渠，精湛的水利工程，令郭老赞不绝口。

参观完灵渠，郭老诗兴大发，提笔一挥，留下一首《满江红·灵渠》：

北自长城，南来至，灵渠岸上。亲眼见，秦堤牢固，工程精当。闸水陡门三十六，劈湘铧嘴二千丈。有天平，小大溢洪流，调分量。

湘漓接，通汉壮。将军墓，三人葬。听民间传说，目空君相，史禄开疆难复忆，猪龙作孽忘其妄。说猪龙，其实即祖龙，能开创。

状元桥头的尚武亭，因郭沫若号尚武，亭下即郭沫若《满江红·灵渠》词碑

郭老还在词后题记道：

1963年3月28日，天气晴明，往兴安观秦始皇三十三年史禄所凿灵渠，斩山通道，连接长江、珠江水系，两千余年前有此，诚足与长城南北相呼应，同为世界之奇观。

正是在这首词中，郭老创造性地将灵渠与长城相提并论，提出了“北有长城、南有灵渠”，称灵渠与长城同为世界之奇观。

为了供游客观赏，兴安县人民政府决定将《满江红·灵渠》刻碑立至灵渠景区内。县文化馆接受任务后，调动人力采集了最好的石材，选聘了最优秀的工匠，精细刻凿。1964年2月，词碑刻好后，立于四贤祠内，从此与其他古碑一道，供来自四面八方的游客观赏。

“文化大革命”期间，郭沫若的碑几次受到冲击，后来文管部门将碑放倒，深埋于四贤祠地下，才使此词碑幸免于难。

“文化大革命”结束后，兴安县文化馆的同志再次挖出词碑（此时发现中间已断裂一处），小心翼翼地把它从四贤祠迁出，立于鲤鱼洲上。

灵渠的现在和未来

1986 年 11 月 25 日至 12 月 2 日，中国水利史研究会第二届会员代表大会暨学术讨论会在灵渠召开，与会专家学者在考察灵渠以后，对灵渠的设计开凿给予高度评价。他们认为，综观古往今来，全世界的运河，没有一条像灵渠那样，是在来水量这样少的恶劣条件下开挖的。而灵渠不但成功开凿，而且持续通航了两千余年，这无疑是个奇迹，体现了我们的先人在水利建筑上达到了高水平，灵渠不愧是我国的瑰宝。专家学者们的结论，是对灵渠最好的赞赏。会中，专家们以学会名义，向国务院提出建议，将灵渠列为全国重点文物保护单位。国务院接受专家们的意见，于 1988 年 1 月 13 日，国务院公布灵渠为全国重点文物保护单位。

在 20 世纪 80 年代初，桂林在评选全国第一批历史文化名城的过程中，面临着地面遗存文物较少的不利条件，作为秦代三大水利工程的灵渠，也为助力桂林在 1982 年成为全国第一批历史文化名城作出了重要的贡献。到了 2005 年，也正是因为灵渠古老的历史和深厚的文化内涵，兴安被中央电视台评选为“中国十大魅力名镇”之一。

新修建的兴安县城滨江大道及滨江公园

灵渠岸边新修的临源楼观景台，现为湘漓书院

维修后的灵渠北渠

2004 年，兴安县加强了对灵渠景区的建设，对灵渠流经县城 1000 米的上水门、下水门、中水关这一段沿岸街道进行了大规模的修缮，并重新命名为“水街”。具体景点有秦文流觞、娘娘桥、万里桥、马嘶桥、古戏台、湖广会馆、水街亭台廊榭、百米雕塑长廊、三将军墓、粟家桥、古石雕群、明清民居古巷、民俗风情区，水街成为荟萃秦汉文化、古桥

水街一方

粟家桥

文化、古雕塑文化、灵渠历史文化、岭南市井风俗的文化旅游街区。

2005 年，兴安县人民政府重修铧嘴，恢复 1885 年被冲毁前的铧嘴雄姿。施工时，在铧嘴大坝旧址上，工人们意外地挖出了一块三角形的大石。经文物工作者辨认，此石就是原来安置在铧嘴坝上分水的坝首石。铧嘴大坝修复时，这块劈波斩浪数百年，将海洋河水三七分流的坝

1 2
3

1 秋游水街
2 水街五门廊牌坊
3 水街秦文化主题石雕，再现秦征岭南之战

首石，重新安放在原位，继续担当起犁开海洋河水的重任。

灵渠的影响力也早已走向世界。2007 年，国际古迹遗址理事会世界遗产评估报告员、保护规划与建筑师尤嘎·尤基莱托博士，来到灵渠实地考察后，深深为之震撼，认为在世界范围内，像灵渠这么历史悠久，具有独特的科学、军事、政治、经济和文化价值的运河是极为罕见的。对于灵渠科学的选址、三七分水的“人”字形大坝、调洪的大小天平、鱼鳞石砌成的坝基，他更是赞不绝口，称之为古代水利史上的奇观。在英国科学史家李约瑟编撰的多卷本的《中国科学技术史》中，称灵渠是

1 2
3

1 灵渠沿岸的绿道骑行活动
2 沿着灵渠奔跑
3 新修建的兴安县城滨江大道及湘江河堤（湘漓镇花桥村境内）

“历史奇迹”，可见灵渠在世界科学技术史上的地位和影响。

随着时间的推移和研究的深入，对于灵渠在历史和现实中的意义和价值，学者们仍在不断地探索和总结。

中国水利史专家、水利史学科奠基人姚汉源先生从水利史角度高度评价灵渠的作用：

……二千年来常为沟通长江和珠江水运的枢纽，由它贯穿，可以通航两流域的多数省份；还可以由江通淮、黄、海各水系。正如围棋的眼一样，它可以使大半个中国的水运，全盘皆活，意义不限于南方一个地区越五岭、通三江的交通。

广西著名历史学者钱宗范先生如此总结灵渠的意义：

灵渠的重要意义可用六个唯一来代表：灵渠不是中国开凿最早的运河，却是最早一批运河中唯一保存至今的运河；灵渠不是世界古代六大文明中心最早的运河，却是两千多年前建造而迄今仍保存完好的唯一运河；灵渠不是唯一可以提供通航和灌溉功能的运河，却是中国唯一的在两千多年中维持了这些功能来服务于祖国和人民的运河；灵渠不是沟通南北交通的唯一运河，却是中国两千年来唯一不断沟通南北经济文化交流，维护了国家统一的运河；灵渠不是沟通南方丝绸之路的唯一航运通道，却是古代中国通过广阔的南方陆地到南海形成的丝绸之路上唯一的水路交通咽喉；灵渠不是唯一一个有工程创见且保留历代人文历史的运河，却是中国现存古代运河中唯一在铧嘴、大小天平、陡门、南渠北渠、名人古迹等方面基本保存完整，未受改建破坏的运河。

多年来一直关心灵渠发展的中国水利学会名誉理事郑连第先生，则从另一方面指出灵渠的独特性和魅力：

灵渠是一项工程量不大的工程，是一项在两千多年岁月中发挥着重大作用的工程，又是一项与山水人居和谐相处的工程。……灵渠所在，与桂林山水为邻。山清水秀，充满甲天下的余韵。置身其间，举目四望，只见自然生态，少见人工雕琢。无论在“三七分水”的渠首枢纽，还是巧激六十里的渠道，见不到雄伟高大的建筑物，见不到壮观笔直的渠身；只见到青山有倒影，渠水盈清流，林木疏疏密密，禾稼高高低低。民风质朴祥和，田园繁茂滋润……

目前，古老的灵渠已然步入一个新的发展时期。沿着 30 千米的南渠岸边，已修筑了一条供游人步行观赏的绿道，人们可以惬意地散步、骑行在灵渠两岸的自然美景里。灵渠边重修了一批古村落，还竖起百十座古老的筒车，让游人重新体验灵渠两岸古老的农耕文化。

水街夕阳石板路，引人回味旧日风情

从 2016 年开始，兴安当地政府对灵渠进行全面的保护修缮、环境治理和生态修复工程。通过修缮渠道、护堤固岸、清淤疏浚、绿化美化、灵渠复航、灵渠补水、周边环境综合整治等项目，逐步恢复灵渠河道功能，推进两岸生态环境建设，让灵渠重现旧时风采，绘就“三乡七肆六十屯，一渠两岸百里画”的美丽田园画卷。

灵渠“世界灌溉工程遗产”标志石碑

近年来，为了更好地保护和传承灵渠这一珍贵的历史文化遗产，并使之成为全人类共同呵护的瑰宝，灵渠申报世界文化遗产项目正在稳步进行。

2006 年，灵渠进入全国 35 个世界文化遗产申报预备名单。

2011 年，灵渠申报世界文化遗产工作正式启动，也开启了灵渠的申遗之路。

2012 年，灵渠再次被国家文物局列入调整后的《中国世界文化遗产预备名单》。

2017 年，在申遗之路上跋涉的兴安县另辟蹊径，决定让灵渠向“双遗产”进军，即同时申报“世界灌溉工程遗产名录”和“世界文化遗产名录”。至此，灵渠申遗工作被放在一个新的高度上被重视。

需要说明的是，“世界灌溉工程遗产” 是世界上最大的灌溉排水非政府组织——国际灌溉排水委员会评选并授予的荣誉称号，门槛极高，需要具有如下价值：是灌溉农业发展的里程碑或转折点，为农业发展、

北有长城　南有灵渠

灵渠全景图

粮食增产、农民增收作了贡献；在工程设计、建设技术、工程规模、引水量、灌溉面积等方面领先于其时代；能够增加粮食生产、改善农民生计、促进农村繁荣、减少贫困；在其建筑年代是一种创新；为当代工程理论和手段的发展作出了贡献；在工程设计和建设中注重环保；在其建筑年代属于工程奇迹；独特且具有建设性意义；具有文化传统或文明的烙印；是可持续性运营管理的经典范例。同时，入选的工程建成投用时间，应在100年以上。而这些条件，始建于两千多年前的灵渠全部具备。

2018年，兴安县委、县政府举全县之力申报世界灌溉工程遗产，

在全县范围内抽调人员成立了灵渠申报世界灌溉工程遗产领导小组及办公室，全力进行申遗工作。

2018 年 2 月 4 日，兴安县赴北京参加了年度世界灌溉工程遗产候选工程初评会，灵渠从候选的包括都江堰在内的十多个知名水利工程中脱颖而出，以第二名的成绩，进入初评候选名单。

为加快推进 2018 年度灵渠申报世界灌溉工程遗产工作，4 月 16 日，兴安举办灵渠保护与申遗暨水利遗产保护利用学术论坛，来自中国水利学会水利史研究会、中国国家灌排水委员会、中国科学院、中国社会科

灵渠两岸葡萄园（溶江镇
莲塘通济村段）

1 兴安博物馆一楼灵渠展示中心喜迎游人
2 兴安博物馆以灵渠历史为主题的布景陈设
3 兴安博物馆

学院等国内外共 100 多位专家学者及有关部门负责人，对灵渠的申遗工作、遗产保护与利用等提出了真知灼见。这些成果，也有一部分融进了灵渠申遗的文本材料之中，进一步丰富了兴安申遗的内容。

与此同时，在申遗过程中，兴安县以项目建设统筹推进灵渠申遗。在国家文物局和自治区及市一级文化、文物部门的关心和支持下，兴安县争取资金近 2 亿元，加大对灵渠本体的保护力度，完成了北渠、大小天平、秦堤的保护修缮，实施灵渠南渠复航项目与灵渠周边环境综合整治项目，实施灵渠补水工程项目，实施渠首段及水街保护提升项目，等等。这一系列围绕灵渠申遗的有力措施，以时不我待的紧迫感和责任感，让这座世界古代水利建筑明珠焕发着新的生机。

5 月 11 日，国家灌排委员会组织水利部国科司 6 位专家来到兴安，并召开了“灵渠申报世界灌溉工程遗产专家考察评估会”。其间，评审专家对灵渠灌溉工程进行了现场考察。在进行实地考察和听取申遗工作汇报后，评审专家组认为，灵渠历经二千多年的不断发展，不仅对经济社会发展起到了巨大的推动作用，而且留下了丰厚的水文化遗产，树立了我国水利发展史的一个里程碑；灵渠是见证中国历史发展进程的伟大工程，是人类水利工程的杰出代表，其科学及工程技术具有时代领先性；灵渠在灌区管理、水资源开发利用方式、规章制度方面对现代农田水利管理有借鉴价值。专家组认为，灵渠具备申报世界灌溉工程遗产条件，推荐申报。

2018 年 8 月 14 日，灵渠被国际灌溉排水委员会宣布列入“世界灌溉工程遗产名录”，成为广西唯一的灌溉工程遗产。这是灵渠历史上获得的首项国际性荣誉。

国际灌溉排水委员会荣誉副主席、中国国家灌溉排水委员会副秘书长丁昆仑先生就此评论说：

“灵渠是一个非常古老的水利工程，在历史上也发挥了巨大的灌溉作用，一直到今天都还发挥着灌溉作用，完全符合条件，入选在情理之中。不管是国内的专家还是国际的专家，都对灵渠印象非常深刻，因为它具有非常鲜明的特点，它体现了人与自然和谐和可持续利用的理念。”

2019 年 9 月 29 日，新落成的灵渠文化展示中心（兴安博物馆）也以令人耳目一新的姿态正式开馆，喜迎八方来客，以灵渠申报世界文化遗产的标准，全面地展示了灵渠突出的价值。

古老的灵渠，正以新的高度和眼界，带着传承自中华文明的独特智慧，一步步地走向世界。

灵渠，不仅是哺育和守护着兴安人民的生命之河，是维护国家统一的功臣，是勾连起中原与岭南、内陆和海洋的重要节点，更是中国古代先贤们付出了无数的努力，经过代代的接力，传递给新一代的一份完整而鲜活的文化遗产。她的身上承载着中华民族厚重久远的历史记忆，蕴藏着深刻的文化基因，值得我们一读再读；她历经了两千多年的历史风烟，从遥远的大秦一路奔流至今，依然散发着历久弥新、永葆青春的生命力；她还将在我们的手中得到更好的保护和传承，奔向更为广阔的世界和未来。

参考文献

唐兆民．灵渠文献粹编［M］．北京：中华书局，1972.

郑连第．灵渠工程史述略［M］．北京：水利电力出版社，1986.

郑连第，刘建新．灵渠［M］．南宁：广西科技出版社，2018.

兴安县地方志编纂委员会．灵渠志［M］．南宁：广西人民出版社，2010.

林剑鸣．秦汉史［M］． 上海：上海人民出版社，1989.

张荣芳，黄淼章．南越国史［M］．广州：广东人民出版社，1995.

胡守为．岭南古史（修订本）［M］．广州：广东人民出版社，2004.

林岗．秦征南越论稿［M］．广州：广东人民出版社，2017.

王子今．秦汉交通考古［M］．北京：中国人民大学出版社，2015.

黄留珠．秦汉历史文化论稿［M］．西安：三秦出版社，2002.

蒋廷瑜，彭书琳．历史的足迹：广西历史时期考古手记［M］．南宁：广西人民出版社，2006.

广西壮族自治区文物工作队．广西文物考古报告集 1950—1990［M］. 南宁：广西人民出版社，1993.

广西师范大学出版社．桂林文博研究文集［M］. 桂林：广西师范大学出版社，2014.

宿富连，吴海星．兴安史话［M］. 广西人民出版社，2016.

崔润民．灵渠历史文化价值与文化战略思考［M］. 南宁：广西人民出版社，2016.

宿富连，唐基苏等．兴安灵渠陡军文化研究集萃［M］. 兴安：2018.

熊昭明，韦莉果．广西古代海上丝绸之路［M］. 南宁：广西科学技术出版社，2019.

吴海峰．主灵渠历史文化故事［M］. 兴安：2003.

政协兴安县委员会文史资料委员会．兴安风景诗词选［M］. 兴安：1995.

编后记

中华文明五千年，灵渠流淌两千年。肇始于中国第一个大一统王朝秦朝的灵渠，以并不出众的体量，沟通了长江与珠江两大水系，一举改变了中国历史的走向，并且在随后的历史里见证了岭南一步步融入中华民族大家庭，中原文化与岭南文化逐渐沟通交流，最终水乳交融的历史，更作为海上丝绸之路的重要连接点，向着海洋展现出中华文明的开放与自信。如今的灵渠，在饱经历史的沧桑起伏之后，正在借着申遗之路上的东风，不仅要拂去累积于身的尘埃，寻回旧日的辉煌，还要在古与今的映照下，向世界展现出她独特的光彩。

为此，我们集合了多方面的力量，其中有年过八旬的中国水利史专家和著名的考古学家，有以数十年之功致力拍摄灵渠的摄影家，有热心灵渠历史研究、文学创作经验丰富的专业作家；还重新组织拍摄了与灵渠历史密切相关，更见证了广西乃至岭南与中原文化逐步融合以及海上丝绸之路的辉煌历史，来自区内多家知名博物馆的馆藏重点文物；并精心编辑梳理，整体设计打磨，最终呈现出一本图文并茂、内容厚重、文字通俗的图书，向大众介绍灵渠从大秦至今的两千多年历史。

我们特别致力于在书中打通积淀深厚的灵渠历史中学科与专业的藩篱，以深入浅出的讲述，赏心悦目的摄影，为读者串联拼接起与灵渠有关的历史遗迹与碎片，以及两千年里数不尽、道不完的人与事。

从这里开始，读懂灵渠，努力当下，未来可期……